LE

DU MÊME AUTEUR EN COLLECTION BABEL
dans la traduction d'André Markowicz et Françoise Morvan

La Cerisaie, Babel nº 51.
Oncle Vania, Babel nº 104.
La Mouette, Babel nº 188.
L'Homme des bois, Babel nº 189.
Ivanov, Babel nº 436.
Drame de chasse, Babel nº 483.
Pièces en un acte, Babel nº 719.
Platonov, Babel nº 1281.

Titre original :
Tri sestry

ISBN 978-2-7427-3947-9

ANTON TCHEKHOV

LES TROIS SŒURS

Drame en quatre actes
traduit du russe
par André Markowicz et Françoise Morvan

Note sur la traduction de Françoise Morvan
Lecture de Georges Banu

édition revue et corrigée

BABEL

LES TROIS SŒURS

PERSONNAGES

Andreï Sergueïevitch Prozorov.
Natalia Ivanovna, sa fiancée, puis son épouse.
Olga,
Macha,
Irina, ses sœurs.
Fiodor Ilitch Koulyguine, professeur au lycée, mari de Macha.
Alexandre Ignatievitch Verchinine, lieutenant-colonel, commandant de batterie.
Nikolaï Lvovitch Touzenbach, baron, lieutenant.
Vassili Vassilievitch Saliony, major.
Ivan Romanovitch Tcheboutykine, médecin militaire.
Alexeï Petrovitch Fedotik, sous-lieutenant.
Vladimir Karlovitch Rodé, sous-lieutenant.
Féraponte, gardien du conseil du zemstvo, vieillard.
Anfissa, la nourrice, vieille femme de quatre-vingts ans.

L'action se passe dans un chef-lieu de province.

ACTE I

La maison des Prozorov. Un salon séparé par une colonnade d'une grande salle que l'on aperçoit à l'arrière. Midi ; dehors, le soleil brille, tout est joyeux. Dans la salle, on dresse la table pour le déjeuner.

Olga, vêtue de la robe d'uniforme bleu foncé des professeurs du lycée de jeunes filles, continue de corriger les cahiers de ses élèves, sans s'asseoir et sans cesser de marcher. Macha, en robe noire, son chapeau sur les genoux, reste assise à lire un livre ; Irina, en robe blanche, se tient debout, pensive.

OLGA. Père est mort il y a juste un an, un an aujourd'hui même, le cinq mai, le jour de ta fête, Irina. Il faisait très froid, il neigeait, ce jour-là. Je me disais que je n'y survivrais pas, tu étais allongée, évanouie, comme morte. Mais voilà un an de passé, et tout cela, nous nous en souvenons si légèrement, tu es déjà en robe blanche, ton visage resplendit. *(La pendule sonne midi.)* La pendule sonnait aussi, ce jour-là.

Pause.

Je me souviens, pendant qu'ils portaient père, la musique jouait, on a tiré une salve, au cimetière. Il était général, commandant de brigade, et il n'y avait pas grand monde, pourtant. Mais aussi, il pleuvait, ce jour-là. Une pluie violente, et de la neige.

IRINA. A quoi bon se souvenir !

Derrière les colonnes, dans la salle, à côté de la table, apparaissent le baron Touzenbach, Tcheboutykine et Saliony.

OLGA. Aujourd'hui, il fait doux, on peut laisser les fenêtres grandes ouvertes, mais les bouleaux n'ont pas encore de feuilles. Père a reçu une brigade, il a quitté Moscou avec nous, il y a onze ans et, je m'en souviens parfaitement, au début du mois de mai, à cette époque de l'année, à Moscou, tout est déjà en fleur, et tiède, inondé de soleil. Ça remonte à onze ans, et je revois tout là-bas, comme si c'était hier que nous étions partis. Mon Dieu ! je me suis réveillée ce matin, j'ai vu cette masse de lumière, j'ai vu le printemps, la joie s'est mise à remuer au fond de mon âme, avec passion j'ai voulu retrouver notre mère-patrie.

TCHEBOUTYKINE. Compte là-dessus !

TOUZENBACH. Mais oui, bêtises.

Macha, songeuse, penchée sur son livre, sifflote doucement une chanson.

OLGA. Ne siffle pas, Macha. Comment peux-tu !

Pause.

Parce que, moi, je suis au lycée tous les jours, et après ça je donne des leçons, jusqu'au soir, j'ai tout le temps mal à la tête, je me dis toujours que c'est comme si j'étais déjà vieille. Et c'est vrai, chaque jour depuis quatre ans que je travaille au lycée, je sens sortir de moi, comme goutte à goutte, mes forces et ma jeunesse. Il n'y a qu'un seul rêve qui grandit, qui s'impose…

IRINA. Partir à Moscou. Vendre la maison, en finir avec tout ici, et – à Moscou…

OLGA. Oui ! Vite, vite, à Moscou.

Tcheboutykine et Touzenbach rient.

IRINA. Notre frère, sans doute, il sera professeur d'université ; de toute façon, il ne restera pas vivre ici. Le seul obstacle, c'est la pauvre Macha.

OLGA. Macha viendra chaque année passer tout l'été à Moscou.

Macha sifflote doucement sa chanson.

IRINA. Tout s'arrangera, avec l'aide de Dieu. *(Regardant par la fenêtre.)* Il fait beau aujourd'hui. Je ne sais pas pourquoi j'ai le cœur si plein de lumière ! Ce matin, je me suis souvenue que c'était ma fête, je me suis sentie pleine de joie, tout à coup, et je me suis souvenue de notre enfance, du temps où maman vivait encore. Quelles pensées merveilleuses remuaient en moi, quelles pensées !

OLGA. Tu es tout étincelante aujourd'hui, tu as l'air incroyablement belle. Et Macha aussi, elle est belle. Andreï, il pourrait être beau, mais il a beaucoup grossi, ça ne lui va pas du tout. Et moi, j'ai vieilli, j'ai beaucoup maigri, à force, sans doute, de me mettre en colère contre les filles au lycée. Aujourd'hui, bon, je suis libre, je suis à la maison, et je n'ai pas mal à la tête, je me sens plus jeune qu'hier. J'ai vingt-huit ans, pas plus… Tout est bien, tout vient de Dieu, mais il me semble que si je me mariais et si je pouvais rester chez moi toute la journée, ce serait mieux.

Pause.

Mon mari, je l'aimerais.

TOUZENBACH *(à Saliony).* Ces bêtises que vous dites… Vous m'agacez à la fin… *(Entrant dans le salon.)* J'oubliais. Aujourd'hui, vous aurez la visite de notre nouveau commandant de batterie, Verchinine. *(Il s'assied au piano.)*

OLGA. Ma foi ! J'en suis bien aise.

IRINA. Il est vieux ?

TOUZENBACH. Non, ça va. Quarante, quarante-cinq ans, tout au plus. *(Il pianote doucement.)* Un brave type – ça se voit. Pas bête, ça, c'est sûr. Seulement, il parle beaucoup.

IRINA. Il est bien ?

TOUZENBACH. Oui, pas mal, seulement il a une femme, une belle-mère, et deux petites filles. Et, en plus de ça, c'est son deuxième mariage. Il fait ses visites, il dit partout qu'il a une femme et deux petites filles. Il va vous le dire, à vous aussi. Sa femme, c'est une espèce de folle, avec une longue natte de jeune fille, elle n'a que des grands mots à la bouche, elle fait de la philosophie et des tentatives de suicide, sans doute histoire d'empoisonner son mari. Moi, une femme pareille, je l'aurais quittée depuis longtemps ; lui, il supporte, il se contente de se plaindre.

SALIONY *(sortant de la salle pour entrer dans le salon avec Tcheboutykine).* D'une main, je ne lève que cinquante livres ; des deux mains, cent cinquante, et même deux cents. D'où je conclus que deux hommes sont plus forts qu'un seul, non pas deux fois, mais trois fois, et même plus…

TCHEBOUTYKINE *(lisant le journal tout en marchant).* Contre la chute des cheveux… deux onces de naphtaline pour une demi-bouteille d'alcool… bien agiter et appliquer chaque jour… *(Il note dans un carnet.)* Je me le note, m'sieurs-dames. *(A Saliony.)* Et donc, comme je vous disais, votre petit bouchon, avec son petit tuyau de verre qui passe dedans, vous l'enfoncez dans votre petite bouteille… Et après ça, vous prenez une pincée de poudre d'alun, tout ce qu'il y a de simple, tout ce qu'il y a d'ordinaire…

IRINA. Ivan Romanytch, mon bon Ivan Romanytch !

TCHEBOUTYKINE. Quoi donc, ma petite fille, quoi donc, ma joie ?

IRINA. Dites-moi, pourquoi suis-je si heureuse aujourd'hui ? Comme si j'étais emportée par des voiles, un large ciel tout bleu, et de grands oiseaux blancs qui volent… Mais pourquoi donc ? Pourquoi ?

TCHEBOUTYKINE *(d'une voix tendre, lui embrassant les deux mains).* Mon oiseau blanc…

IRINA. Aujourd'hui, quand je me suis réveillée, quand je me suis levée, que j'ai fait ma toilette, brusquement, j'ai eu l'impression que tout était clair, pour moi, en ce monde, que je savais comment il fallait vivre. Mon bon Ivan Romanytch, je sais tout. L'homme doit travailler, quel qu'il soit, il doit gagner son pain à la sueur de son front, en cela seul résident le sens et le but de sa vic, son bonheur, ses enthousiasmes. Que c'est beau d'être un ouvrier qui se lève avec le jour et casse des cailloux sur les routes, d'être un berger, ou un instituteur qui instruit les enfants, ou un mécanicien sur sa locomotive… Mon Dieu, sans même parler d'êtres humains, il vaut mieux être un bœuf, un vulgaire cheval, et travailler, plutôt que d'être une jeune femme qui se lève à midi, prend son café au lit et met deux heures à s'habiller… oh ! comme c'est monstrueux ! J'ai eu envie de gagner ma vie comme on peut avoir soif quand il fait chaud. Si je ne commence pas à me lever et à travailler, refusez-moi votre amitié, Ivan Romanytch.

TCHEBOUTYKINE *(tendrement).* Mais oui, mais oui…

OLGA. Père nous avait dressés à nous lever à sept heures. A présent, Irina se réveille à sept heures, elle reste au lit au moins jusqu'à neuf heures, et toujours en train de réfléchir. Et un air sérieux avec ça !

Elle rit.

IRINA. Tu me vois toujours comme une petite fille, et ça te paraît étrange que j'aie l'air sérieux. J'ai vingt ans !

TOUZENBACH. La nostalgie du travail, mon Dieu, comme je comprends ça ! Je n'ai jamais travaillé de ma vie. Je suis né à Petersbourg, une ville froide, oisive, dans une famille qui n'avait jamais connu ni travail ni souci d'aucune sorte. Je me souviens, quand je rentrais de l'école militaire, le domestique me retirait mes bottes, et moi, pendant ce temps-là, je faisais des caprices, ma mère me regardait avec adoration et s'étonnait qu'on puisse me regarder autrement. On me préservait du travail. Seulement, je doute qu'on y soit parvenu, oui, j'en doute ! Le temps est arrivé, c'est une montagne qui s'avance vers nous tous, une tempête puissante et salubre se prépare, elle arrive, elle est déjà proche, et elle balaiera de notre société la paresse, l'indifférence, les préjugés contre le travail, la pourriture rance de l'ennui. Je travaillerai, et, dans vingt-cinq ou trente ans, tout au plus, chaque homme travaillera. Chaque homme !

TCHEBOUTYKINE. Je ne travaillerai pas, moi.

TOUZENBACH. Vous, vous ne comptez pas.

SALIONY. Dans vingt-cinq ans, vous ne serez plus de ce monde, Dieu merci. Dans deux-trois ans, vous mourrez d'un coup de sang, ou bien c'est moi qui me mettrai en colère et qui vous logerai une balle dans le front, mon cher ange.

Sortant de sa poche un flacon de parfum, il s'asperge la poitrine et les mains.

TCHEBOUTYKINE *(il rit).* Et moi, c'est vrai que je n'ai jamais rien fait. Depuis que j'ai eu mon diplôme, je n'ai pas levé le petit doigt, je n'ai pas lu un seul livre, je n'ai lu que des journaux... *(Il sort de sa poche un autre journal.)* Tenez... Je sais, je l'ai lu dans le journal, il y a eu un nommé Dobrolioubov*, mais ce qu'il a pu écrire – je n'en sais rien... Dieu sait ce qu'il a pu écrire...

On entend frapper au plafond de l'étage inférieur.

Ça y est... On m'appelle en bas, quelqu'un qui vient me voir... Je reviens tout de suite... Attendez...

Il sort précipitamment tout en peignant sa barbe.

IRINA. Il mijote quelque chose.

TOUZENBACH. Oui. Il est parti avec un air solennel, je parie qu'il va vous apporter un cadeau.

IRINA. Ce que c'est contrariant !

OLGA. Oui, c'est monstrueux. Il n'arrête pas de faire des sottises.

MACHA. Un rouvre vert au bord de l'onde, Ce rouvre a une chaîne d'or**... Ce rouvre a une chaîne d'or...

* Ecrivain très critique à l'égard du tsarisme et de la société russe de son temps, Nikolaï Alexandrovitch Dobrolioubov (1836-1861) fut l'un des inspirateurs du courant nihiliste. *(Toutes les notes sont dues aux traducteurs.)*

** Les deux premiers vers du poème de Pouchkine *Rouslan et Ludmila* – des vers que connaît par cœur tout écolier russe.

Elle se lève et chantonne tout bas.

OLGA. Tu n'es pas bien gaie, aujourd'hui, Macha.

Macha, tout en chantonnant, remet son chapeau.

Où vas-tu ?

MACHA. Je rentre.

IRINA. Etrange...

TOUZENBACH. Partir, un jour de fête !

MACHA. Pas d'importance... Je reviendrai ce soir. Adieu, ma gentille... *(Elle embrasse Irina.)* Je te le souhaite une fois de plus : porte-toi bien, sois heureuse. Dans le temps, du temps de père, à nos fêtes, il y avait toujours trente ou quarante officiers, c'était bruyant, et à présent, il n'y a pas un chat, c'est plus calme que le désert... Je m'en vais... Aujourd'hui, je suis dans les mirlancolies, je ne me sens pas bien gaie, ne m'écoute pas. *(Riant, au bord des larmes.)* Nous parlerons plus tard, mais, pour l'instant, adieu, ma chérie, je vais marcher un peu.

IRINA *(mécontente)*. Toi alors...

OLGA *(les larmes aux yeux)*. Je te comprends, Macha.

SALIONY. Si c'est un homme qui philosophe, ça donne du philosophisme, ou, mettons, du sophisme ; mais si c'est une femme qui philosophe, ou bien deux femmes, alors – ça donne : tire-moi par les cheveux.

MACHA. Que voulez-vous dire par là, homme monstrueusement effrayant ?

SALIONY. Rien. A peine avait-il pu dire ouf que l'ours, assis sur lui, l'étouffe*.

Pause.

MACHA *(à Olga, en colère).* Ne pleurniche pas !

Entrent Anfissa et Feraponte, portant une tarte.

ANFISSA. Ici, mon petit grand-père. Entre, tu as les pieds propres. *(A Irina.)* Du conseil du zemstvo, de la part de Protopopov, de Mikhaïl Ivanytch… Une tourte.

IRINA. Merci. Tu remercieras.

Elle prend la tarte.

FÉRAPONTE. Quoi ?

IRINA *(plus fort).* Tu remercieras !

OLGA. Nounou, va lui faire donner du pâté chaud. Féraponte, va-t'en, on va te donner du pâté, là-bas.

FÉRAPONTE. Quoi ?

ANFISSA. Viens donc, mon bon Féraponte Spiridonytch, suis-moi…

Elle sort avec Féraponte.

MACHA. Je n'aime pas ce Protopopov, ce Mikhaïl Potapytch, ou Ivanytch. On ne peut pas l'inviter.

IRINA. Je ne l'ai pas invité.

* Deux vers extraits d'une fable de Krylov, "Le paysan et le journalier", sur le thème de l'ingratitude.

MACHA. Et c'est tant mieux.

Entre Tcheboutykine, suivi d'un soldat qui porte un samovar en argent ; rumeur de surprise et de réprobation.

OLGA *(se cachant le visage dans les mains).* Un samovar ! C'est monstrueux !

Elle s'en va vers la table, dans la salle.

IRINA. Mon bon Ivan Romanytch, qu'est-ce que vous avez fait !

TOUZENBACH *(il rit).* Je vous l'avais dit.

MACHA. Ivan Romanytch, vous n'avez pas honte !...

Ces trois répliques en même temps.

TCHEBOUTYKINE. Mes chères, mes bonnes petites, vous êtes tout ce que j'ai, ce que j'ai de plus cher au monde. J'ai bientôt soixante ans, je suis un vieillard, un vieillard solitaire, insignifiant... Je n'ai rien de bon en moi, à part l'amour que j'ai pour vous, et, sans vous, il y a longtemps que je ne serais plus de ce monde... *(A Irina.)* Ma chère petite enfant, je vous connais depuis le jour de votre naissance... je vous ai portée dans mes bras... j'aimais feu votre maman...

IRINA. Mais pourquoi des cadeaux aussi chers !

TCHEBOUTYKINE *(au bord des larmes, d'une voix fâchée).* Des cadeaux aussi chers !... Vous alors, tout de même ! *(A son ordonnance.)* Apporte le samovar là-bas… *(Il se moque.)* Des cadeaux aussi chers…

L'ordonnance emporte le samovar dans la salle.

ANFISSA *(traversant le salon).* Mes chéries, un colonel, un inconnu ! Il a déjà enlevé son manteau, mes petites filles, il arrive. Arinouchka, sois gentille, avec lui, au moins, ma petite fille, sois bien polie… *(En sortant.)* Et le déjeuner, depuis le temps qu'il devrait être servi… Seigneur !…

TOUZENBACH. Verchinine, sans doute.

Entre Verchinine.

Lieutenant-colonel Verchinine !

VERCHININE *(à Macha et Irina).* Mes hommages : Verchinine. Très, très heureux de me trouver enfin chez vous. Oh, comme vous voilà maintenant ! Oh la la ! oh la la !

IRINA. Prenez place, je vous prie. C'est un grand plaisir pour nous.

VERCHININE *(d'une voix gaie).* Comme je suis heureux, comme je suis heureux ! Mais, vous êtes trois sœurs. Je me souviens – trois petites filles. Je ne me souviens plus de vos visages, mais que votre père, le colonel Prozorov, avait trois petites filles, cela, je m'en souviens parfaitement, et je vous ai vues, de mes yeux vues. Comme le temps passe ! Ah la la, comme le temps passe !

TOUZENBACH. Alexandre Ignatievitch est de Moscou.

IRINA. De Moscou ? Vous êtes de Moscou ?

VERCHININE. Oui, de Moscou. Feu votre père y était commandant de batterie ; moi, j'étais officier dans la même brigade. *(A Macha.)* Votre visage à vous, je crois que je m'en souviens un peu.

MACHA. Moi, pas du tout !

IRINA. Olia ! Olia ! *(Elle crie vers la salle.)* Olia, mais viens donc !

Olga, venant de la salle, entre dans le salon.

Figure-toi, le lieutenant-colonel Verchinine est de Moscou.

VERCHININE. Vous devez être Olga Sergueïevna, l'aînée… Et vous, Maria… Et vous, Irina, la benjamine…

OLGA. Vous êtes de Moscou ?

VERCHININE. Oui. J'ai fait mes études à Moscou, j'ai commencé ma carrière à Moscou, j'y suis resté longtemps en poste, et je viens de recevoir une batterie dans cette ville – me voilà transféré, vous voyez. Je ne me souviens pas vraiment de vous, je me souviens seulement que vous étiez trois sœurs. Votre père, je l'ai gardé dans ma mémoire, tenez, je ferme les yeux et je le vois, comme s'il était là. J'allais souvent chez vous, à Moscou…

OLGA. Moi qui croyais me souvenir de tout le monde, voilà soudain…

VERCHININE. Je m'appelle Alexandre Ignatievitch.

IRINA. Alexandre Ignatievitch, vous êtes de Moscou. Quelle surprise !

OLGA. Et nous qui allons nous installer là-bas.

IRINA. Nous pensons y être pour l'automne. C'est notre ville natale, c'est là que nous sommes nées… Rue Vieille-Basmannaïa…

Toutes les deux rient de joie.

MACHA. On tombe sur un compatriote, comme ça, tout à coup. *(D'une voix vive.)* Je me souviens maintenant ! Tu te souviens, Olia, on disait chez nous : "le major amoureux". Vous étiez lieutenant, à l'époque, et je ne sais pas de qui vous étiez amoureux, et, je ne sais pas pourquoi, histoire de se moquer, on vous appelait le "major"…

VERCHININE *(il rit)*. Mais oui, mais oui… Le major amoureux, c'est ça…

MACHA. A l'époque, vous n'aviez que la moustache… Oh, comme vous avez vieilli ! *(Au bord des larmes.)* Comme vous avez vieilli !

VERCHININE. Oui, quand on m'appelait le major amoureux, j'étais jeune encore, j'étais amoureux. A présent, c'est fini, tout ça.

OLGA. Mais vous n'avez pas un seul cheveu blanc. Vous avez vieilli, mais vous n'êtes pas vieux.

VERCHININE. Quarante-deux ans passés, pourtant. Il y a longtemps que vous avez quitté Moscou ?

IRINA. Onze ans. Mais pourquoi pleures-tu, Macha, ma petite sotte ?… *(Au bord des larmes.)* Moi aussi, je vais me mettre à pleurer…

MACHA. Moi, ça va. Quelle rue habitiez-vous ?

VERCHININE. La rue Vieille-Basmannaïa.

OLGA. Nous aussi…

VERCHININE. Pendant un certain temps, j'ai habité rue Allemande. De la rue Allemande, j'allais aux Casernes rouges. Sur le chemin, il y a un pont sinistre, sous le pont, l'eau se froisse. La tristesse se glisse dans le cœur solitaire.

Pause.

Mais ici, alors, quelle rivière ! large, riche ! Une rivière merveilleuse !

OLGA. Oui, à part qu'il fait froid. Ici, on a le froid, et les moustiques.

VERCHININE. Que dites-vous là ! Un si bon climat, si vivifiant, un climat slave. La forêt, la rivière… Et puis, ici aussi, il y a des bouleaux. Nos chers bouleaux, nos bouleaux si timides, ce sont mes arbres préférés. C'est bon de vivre ici. Ce qui est curieux, tout de même, c'est que la gare est à vingt verstes… Et personne ne sait pourquoi…

SALIONY. Je sais pourquoi, moi.

Tout le monde le regarde.

Pour la bonne raison que si la gare était près, elle ne serait pas loin, et que si elle est loin, c'est qu'elle n'est pas près.

Silence gêné.

TOUZENBACH. Très drôle, Vassili Vassilitch.

OLGA. A présent, moi aussi, je me souviens de vous. Je me souviens.

VERCHININE. J'ai connu votre maman.

TCHEBOUTYKINE. C'était une bonne personne, Dieu ait son âme.

IRINA. Maman, elle est enterrée à Moscou.

OLGA. A Novo-Devitchi…

MACHA. Figurez-vous que je commence déjà à oublier son visage. Nous aussi, c'est pareil, on ne se souviendra plus de nous. On nous oubliera.

VERCHININE. Oui. On nous oubliera. C'est notre destin, rien à faire. Ce qui nous semble grave, important, très sérieux – le temps venu, ce sera oublié, ça n'aura plus la moindre gravité.

Pause.

Et, notez bien, nous ne pouvons absolument pas savoir, à présent, ce qui, en fin de compte, passera pour élevé, pour grave, ou pitoyable et ridicule. La découverte de Copernic, ou, mettons, de Colomb, n'a-t-elle pas semblé, dans les premiers temps, inutile, ridicule, quand je ne sais quelle sornette écrite par le premier idiot venu semblait pure vérité ? Il est bien possible que notre vie à nous, avec laquelle nous faisons si bon ménage, nous semble, au fil du temps, étrange, malcommode, sans esprit, et sans pureté – peut-être même, pécheresse…

TOUZENBACH. Qui sait ? Et peut-être aussi la trouvera-t-on élevée, notre vie, peut-être s'en souviendra-t-on avec respect. De nos jours, nous n'avons ni tortures, ni supplices, ni invasions, mais, en même temps, il y a tant de souffrances !

SALIONY *(d'une voix aiguë)*. Ptit, ptit, ptit… Qu'on le prive de pain, le baron, pourvu qu'on le laisse philosopher.

TOUZENBACH. Vassili Vassilitch, je vous demande de me laisser en paix… *(Il va s'asseoir plus loin.)* Vous m'ennuyez, à la fin !

SALIONY *(d'une voix aiguë)*. Ptit, ptit, ptit…

TOUZENBACH *(à Verchinine)*. Les souffrances que nous observons de nos jours – et Dieu sait qu'il y en a ! – elles témoignent tout de même du fait que la société a déjà atteint une certaine élévation morale…

VERCHININE. Oui, oui, c'est sûr.

TCHEBOUTYKINE. Vous venez de dire, baron, qu'on trouvera de l'élévation à notre vie ; mais les gens, pourtant, ils sont petits. *(Il se lève.)* Regardez, moi, si je suis petit. C'est pour me consoler qu'il faut le dire, qu'elle est élevée, ma vie – on comprend ça.

En coulisses on joue du violon.

MACHA. C'est Andreï qui joue, notre frère.

IRINA. Le savant de la famille. Il sera professeur, sans doute. Papa était militaire, son fils a choisi la carrière scientifique.

MACHA. Selon les vœux de papa.

OLGA. Nous nous sommes trop moquées de lui aujourd'hui. Il est un peu amoureux, on dirait.

IRINA. D'une demoiselle d'ici. Elle va venir aujourd'hui, selon toute vraisemblance.

MACHA. Mon Dieu, comme elle s'habille ! Ça n'est pas que ce soit laid, ou démodé, ça fait tout simplement pitié. Une espèce de petite jupe, criarde, jaunâtre, avec une petite frange vulgaire, comme ça, et un petit caraco cerise. Et les joues – lavées, mais lavées ! Andreï n'est pas amoureux – je ne peux pas croire une chose pareille, tout de même, il a du goût, c'est juste comme ça, pour se moquer de nous, pour faire l'intéressant. Hier, j'ai entendu dire qu'elle épousait Protopopov, le président de notre conseil. Tant mieux… *(Vers la porte latérale.)* Andreï, viens donc ! Mon gentil, rien qu'une minute !

Entre Andreï.

OLGA. Voici mon frère, Andreï Sergueïtch.

VERCHININE. Verchinine.

ANDREÏ. Prozorov. *(Il essuie son visage en sueur.)* Vous êtes notre commandant de batterie ?

OLGA. Tu t'imagines, Alexandre Ignatievitch est de Moscou.

ANDREÏ. Vraiment ? Eh bien, félicitations, mes sœurs ne vous laisseront plus en paix, à présent.

VERCHININE. J'ai déjà eu le temps de lasser la patience de vos sœurs.

IRINA. Vous avez vu ce petit cadre ? Andreï me l'a offert aujourd'hui, pour y mettre un portrait ! *(Elle montre le petit cadre.)* C'est lui qui l'a fait.

VERCHININE *(regardant le petit cadre, sans savoir que dire)*. Oui… c'est vraiment très…

IRINA. Et l'autre cadre, là, sur le piano, c'est lui aussi qui l'a fait.

Andreï agite les bras et recule.

OLGA. C'est le savant de la famille, mais il joue aussi du violon, et il faut voir ce qu'il nous bricole, bref, il a des doigts en or. Andreï, ne t'en va pas ! C'est un genre qu'il se donne – il s'en va tout le temps. Arrive ici !

Macha et Irina le prennent par les bras et, en riant, le ramènent.

MACHA. Viens ici, viens !

ANDREÏ. Laissez-moi, s'il vous plaît.

MACHA. Ce qu'il est drôle ! Alexandre Ignatievitch, dans le temps, on l'appelait le "major amoureux", ça ne le fâchait pas du tout.

VERCHININE. Pas du tout !

MACHA. Moi, j'ai envie de t'appeler : le violoniste amoureux !

IRINA. Ou le professeur amoureux !...

OLGA. Il est amoureux ! Andrioucha est amoureux !...

IRINA *(applaudissant)*. Bravo, bravo ! Bis ! Andrioucha est amoureux !

TCHEBOUTYKINE *(il s'approche d'Andreï par-derrière et lui met les deux bras autour de la taille)*. Nature pour le seul Amour nous a tous mis au monde un jour* !

Il rit aux éclats ; il tient toujours son journal.

ANDREÏ. Bon, ça va, ça va... *(Il s'essuie le visage.)* Je n'ai pas dormi de la nuit, je ne suis pas tout à fait dans mon assiette, comme on dit. J'ai lu jusqu'à quatre heures du matin, après, je me suis couché, mais ça n'y a rien fait. Je pensais à ceci, à cela, et, d'un coup, c'est le jour, du soleil plein la chambre. Cet été, tant que je serai encore là, j'ai l'intention de traduire un livre de l'anglais.

VERCHININE. Parce que vous lisez l'anglais ?

ANDREÏ. Oui. Avec père, Dieu ait son âme, c'était la tyrannie de l'instruction. C'est bête et ridicule, mais il faut bien l'avouer, après sa mort, je me suis

* Extrait devenu proverbial de l'opérette traduite du français *Le Traîneau réversible*.

mis à grossir, regardez comme j'ai grossi en un an, à croire que mon corps s'est libéré d'un joug. Grâce à mon père, mes sœurs et moi, nous savons le français, l'allemand et l'anglais, et Irina, en plus, elle sait l'italien. Mais à quel prix !

MACHA. Dans cette ville, savoir trois langues, c'est un luxe inutile. Et même, ce n'est pas un luxe, c'est une sorte d'appendice inutile, comme un sixième doigt. Nous savons beaucoup de choses superflues.

VERCHININE. Voyez-vous ça ! *(Il rit.)* Beaucoup de choses superflues! Je crois qu'il ne peut pas y avoir au monde de ville si morne et si ennuyeuse qu'un homme instruit et intelligent y soit inutile. Mettons que, des cent mille habitants de cette ville – une ville, bien sûr, grossière et arriérée –, des gens comme vous, il n'y en ait que trois. Vous ne pourrez pas venir à bout de la masse obscure qui vous entoure, ça va de soi ; au cours de votre existence, peu à peu, vous serez forcés de céder et de vous fondre dans la foule des cent mille, la vie vous étouffera, mais, malgré tout, vous ne disparaîtrez pas, vous ne resterez pas sans influence ; des gens comme vous, après vous, il y en aura peut-être six, déjà, puis douze, et ainsi de suite, jusqu'à ce qu'au bout du compte, les gens comme vous soient la majorité. D'ici à deux cents, trois cents ans, la vie sur terre sera incroyablement belle, éblouissante. L'homme a besoin de cette vie-là ; et s'il ne la possède pas encore, eh bien, il doit la pressentir, l'attendre, rêver, s'y préparer, il doit, par conséquent, voir et connaître plus que ce qu'ont vu et connu son père et son grand-père. *(Il rit.)* Et vous, vous vous plaignez de savoir beaucoup de choses superflues.

MACHA *(ôtant son chapeau).* Je reste déjeuner.

IRINA *(dans un soupir).* Vraiment, tout cela, il faudrait le noter.

Andreï n'est plus là, il est parti sans qu'on le remarque.

TOUZENBACH. Vous dites que, dans de longues années, la vie sur terre sera magnifique, éblouissante. C'est vrai. Mais, pour y participer dès à présent, même de loin, il faut s'y préparer, il faut travailler…

VERCHININE *(il se lève).* Oui. N'empêche, toutes ces fleurs que vous avez ! *(Il regarde autour de lui.)* L'appartement est merveilleux. Je vous envie ! Moi, toute ma vie j'ai traîné dans de petits appartements avec deux chaises, un unique divan, des poêles qui fumaient tout le temps. Toute ma vie, ce qui m'a manqué, c'est justement des fleurs comme ça… *(Il se frotte les mains.)* Enfin ! C'est ainsi !

TOUZENBACH. Oui, il faut travailler. Vous, je parie, vous vous dites : Bah, du lyrisme à l'allemande. Mais moi, parole d'honneur, je suis russe, je ne parle même pas allemand. Mon père, il est orthodoxe…

Pause.

VERCHININE *(marchant de long en large).* Je me dis souvent : Mettons qu'on efface toute la vie, et qu'on recommence, mais consciemment, cette fois.

Mettons que la vie, celle qu'on aurait déjà vécue, ce soit un brouillon, comme on dit, et l'autre – le propre ! Alors là, chacun de nous, j'imagine, s'efforcerait, avant tout, de ne pas se répéter soi-même, il se créerait, au moins, une atmosphère de vie, il arrangerait un appartement comme ici, avec des fleurs, avec une masse de lumière… J'ai une femme, deux petites filles, et ma femme, en plus, c'est une personne à la santé fragile, et cetera, et cetera, bon, et si je pouvais recommencer ma vie, je ne me marierais pas… Non, non !

Entre Koulyguine, en habit de professeur.

KOULYGUINE *(allant vers Irina).* Ma chère sœur, permets-moi de te souhaiter une bonne fête, et de te souhaiter sincèrement, du fond du cœur, une bonne santé et tout ce qu'on peut souhaiter à une jeune fille de ton âge. Et permets-moi de t'offrir ce livre en cadeau. *(Il lui tend un livre.)* L'histoire de notre lycée depuis un demi-siècle, écrite par moi. Un livre insignifiant, écrit par pur désœuvrement, mais toi, quand même, lis-le. Bien le bonjour, mes amis ! *(A Verchinine.)* Koulyguine, professeur au lycée. Conseiller surnuméraire. *(A Irina.)* Dans ce livre, tu trouveras la liste de tous ceux qui sont sortis diplômés de notre lycée en l'espace d'un demi-siècle. *Feci quod potui, faciant meliora potentes. (Il embrasse Macha.)*

IRINA. Mais tu m'as déjà offert le même livre à Pâques.

KOULYGUINE *(il rit).* Pas possible ! En ce cas, rends-le-moi, ou, tiens, plutôt, donne-le au colonel.

Tenez, colonel. Vous le lirez un jour, pour vous désennuyer.

VERCHININE. Je vous remercie. *(Il s'apprête à partir.)* Je suis extrêmement heureux d'avoir fait votre connaissance…

OLGA. Vous partez ? Non, non !

IRINA. Vous resterez déjeuner avec nous. Je vous en prie.

OLGA. Je vous le demande !

VERCHININE *(il s'incline).* Il me semble que j'arrive pour une fête. Pardonnez-moi, je ne savais pas, je ne vous l'ai pas souhaitée… *(Il s'éloigne vers la salle avec Olga.)*

KOULYGUINE. Aujourd'hui, mes amis, c'est dimanche, jour de repos, alors, reposons-nous, réjouissons-nous, chacun selon son âge et sa situation. Les tapis, il faudra les rouler pour l'été, et les ranger jusqu'à l'hiver… De la poudre de Perse ou de la naphtaline… Les Romains, ils étaient en bonne santé parce qu'ils savaient travailler et qu'ils savaient aussi se reposer, ils avaient *mens sana in corpore sano*. Leur vie se déroulait selon des formes établies. Notre directeur le dit bien : L'essentiel, en toute vie – c'est la forme… Qui perd sa forme court à sa perte – pour la vie quotidienne, c'est pareil. *(Il prend Macha par la taille, en riant.)* Macha m'aime. Ma femme m'aime. Et les tentures aussi, comme les tapis… Aujourd'hui, je me sens gai, d'une humeur excellente. Macha, à quatre heures aujourd'hui, nous sommes chez le directeur. On prépare une promenade des enseignants et de leurs familles.

MACHA. Je n'irai pas.

KOULYGUINE *(peiné)*. Ma bonne Macha, pourquoi ?

MACHA. Plus tard… *(D'une voix en colère.)* Bon, j'irai, mais laisse-moi, s'il te plaît… *(Elle s'écarte.)*

KOULYGUINE. Ensuite de quoi, nous passerons la soirée chez le directeur. Malgré sa santé défaillante, cet homme s'efforce d'être sociable avant toute chose. Une personnalité extraordinaire, lumineuse. Un homme remarquable. Hier, après le conseil : "Je suis fatigué, me dit-il, mais fatigué, Fiodor Ilitch !" *(Il regarde la pendule puis sa montre.)* Votre pendule avance de sept minutes. Oui, me dit-il, fatigué !

Dans les coulisses, on entend jouer du violon.

OLGA. Mes amis, je vous en prie, le repas est servi ! Un pâté en croûte !

KOULYGUINE. Ah, ma bonne Olga, ma bonne amie ! Hier, j'ai travaillé sans arrêt jusqu'à onze heures du soir, j'étais fatigué, et, aujourd'hui, je me sens heureux. *(Il sort et se dirige vers la table, dans la salle.)* Ma bonne amie…

TCHEBOUTYKINE *(il plie le journal, le met dans sa poche et se peigne la barbe)*. Un pâté ? Epatant !

MACHA *(d'une voix sévère, à Tcheboutykine).* Mais attention, vous : vous ne buvez rien aujourd'hui. Vous entendez ? Ça vous fait du mal de boire.

TCHEBOUTYKINE. Bah !... C'est du passé, tout ça. Deux ans que je ne me suis pas soûlé. *(Avec impatience.)* Et puis, ma grande, qu'est-ce que ça change ?

MACHA. Ça ne fait rien, que je ne vous prenne pas à boire. Que je ne vous y prenne pas. *(En colère, mais de façon que son mari n'entende pas.)* Une fois de plus, le diable l'emporte, aller se morfondre toute la soirée chez le directeur.

TOUZENBACH. Moi, à votre place, je n'irais pas... C'est bien simple.

TCHEBOUTYKINE. N'y allez pas, ma jolie.

MACHA. C'est ça, n'y allez pas... Cette vie maudite, insupportable...

Elle s'en va dans la salle.

TCHEBOUTYKINE *(la suivant).* Voyons ! Voyons !

SALIONY *(passant dans la salle).* Ptit, ptit, ptit...

TOUZENBACH. Assez, Vassili Vassilitch. Ça suffit !

SALIONY. Ptit, ptit, ptit...

KOULYGUINE *(d'une voix joyeuse).* A la vôtre, colonel ! Je suis enseignant, et ici aussi je me sens chez moi : le mari de Macha... Elle est gentille, très gentille...

VERCHININE. Je vais boire de cette vodka sombre… *(Il boit.)* A la vôtre ! *(A Olga.)* Je me sens si bien chez vous !…

Ne restent dans le salon qu'Irina et Touzenbach.

IRINA. Macha est de mauvaise humeur aujourd'hui. Elle s'est mariée à dix-huit ans – elle le prenait pour l'homme le plus intelligent du monde. A présent, ce n'est plus ça. C'est le meilleur des hommes, mais pas le plus intelligent.

OLGA *(avec impatience).* Andreï, mais viens donc, à la fin !

ANDREÏ *(en coulisses).* J'arrive. *(Il entre et se dirige vers la table.)*

TOUZENBACH. A quoi pensez-vous ?

IRINA. A rien. Je n'aime pas votre Saliony – j'ai peur de lui. Il ne dit que des sottises…

TOUZENBACH. C'est un homme bizarre. Je le plains, et je lui en veux, mais je le plains, surtout. J'ai l'impression qu'il est timide… En tête à tête, il peut être très intelligent, très délicat, mais, en société, c'est un rustre, un bretteur. N'y allez pas, laissez-les se mettre à table. Permettez-moi de rester un peu auprès de vous. A quoi pensez-vous ?

Pause.

Vous avez vingt ans, je n'en ai pas encore trente. Nous avons encore tant d'années devant nous, une longue, longue suite de journées toutes pleines de mon amour pour vous…

IRINA. Nikolaï Lvovitch, ne me parlez pas d'amour.

TOUZENBACH *(sans écouter).* J'ai une soif passionnée de vivre, de lutter, de travailler, et cette soif s'est fondue dans mon âme avec mon amour pour vous, Irina, et, comme par miracle, vous êtes belle, et la vie me semble si belle ! A quoi pensez-vous ?

IRINA. Vous dites : La vie est belle. Oui, pour peu qu'on veuille la trouver belle ! Pour nous, les trois sœurs, la vie n'a pas encore été belle, elle nous a étouffées comme de la mauvaise herbe… Des larmes qui coulent. Il ne faut pas… *(Elle s'essuie vivement le visage, sourit.)* Ce qu'il faut, c'est travailler, travailler. Si nous nous sentons tristes, si nous voyons la vie sous un jour tellement sombre, c'est que nous ne connaissons pas le travail. Nous sommes nées de gens qui méprisaient le travail…

Entre Natalia Ivanovna ; elle porte une robe rose, à ceinture verte.

NATACHA. Ils passent déjà à table là-bas… Je suis en retard… *(Elle se jette un coup d'œil dans la glace, et s'arrange un peu.)* La coiffure, je crois que ça peut aller… *(Apercevant Irina.)* Ma bonne Irina Sergueïevna, tous mes vœux ! *(Elle l'embrasse longuement et avec force.)* Vous avez beaucoup d'invités, moi, comment dire ? j'ai scrupule… Bonjour, baron !

OLGA *(entrant dans le salon).* Ah, et voilà Natalia Ivanovna. Bonjour, ma chère !

Elles s'embrassent.

NATACHA. Bonne fête à vous toutes. Et vous qui recevez une si grande société, je suis terriblement confuse…

OLGA. Voyons, ce sont tous des amis ! *(A mi-voix, apeurée.)* Vous avez mis une ceinture verte ! Ma pauvre amie, ce n'est pas bien !

NATACHA. Ça porte malheur ?

OLGA. Non, simplement, ça ne va pas… ça fait un peu bizarre…

NATACHA *(des larmes dans la voix)*. Vous croyez ? Mais ce n'est pas vert, ce serait mat, plutôt. *(Elle suit Olga dans la salle.)*

Là-bas, on est passé à table ; il n'y a plus âme qui vive au salon.

KOULYGUINE. Je te souhaite, Irina, un fiancé très bien. Il est temps que tu te maries.

TCHEBOUTYKINE. Natalia Ivanovna, vous aussi, je vous souhaite un petit fiancé.

KOULYGUINE. Natalia Ivanovna, elle l'a déjà, son petit fiancé.

MACHA *(tapant de sa fourchette contre son assiette)*. Je vais boire un petit verre ! A la guerre comme à la guerre, bon sang !

KOULYGUINE. Pour la conduite, je te mettrais quatre sur vingt.

VERCHININE. A part ça, la liqueur, elle est bonne. C'est une liqueur de quoi ?

SALIONY. De blattes.

IRINA *(des larmes dans la voix).* Pouah ! Pouah ! C'est dégoûtant !…

OLGA. Ce soir, nous aurons de la dinde rôtie et de la tarte aux pommes. Grâce à Dieu, aujourd'hui je reste à la maison toute la journée, et ce soir aussi – à la maison… Mes amis, revenez ce soir.

VERCHININE. Moi aussi, permettez-moi de venir ce soir.

IRINA. Je vous en prie.

NATACHA. Chez eux, c'est à la bonne franquette.

TCHEBOUTYKINE. Nature pour le seul Amour nous a tous mis au monde un jour.

Il rit.

ANDREÏ *(en colère).* Arrêtez, mes amis ! Vous n'en avez pas assez ?

Fedotik et Rodé entrent avec une grande corbeille de fleurs.

FEDOTIK. Mais c'est qu'on est déjà à table…

RODÉ *(d'une voix sonore marquée d'un fort accent*).* A taple ? Mais oui, on est téchà à taple…

* Tchekhov indique que Rodé grasseye : il est donc manifestement d'origine française et ne roule pas les *r* à la russe. Ce défaut de prononciation est rendu plus sensible par la multiplication des *r* dans tout ce qu'il dit et par le fait qu'il parle toujours très fort. Nous proposons de transposer à l'allemande.

FEDOTIK. Une petite minute ! *(Il prend une photo.)* Et d'une ! Attends encore un peu… *(Il prend une autre photo.)* Et de deux ! Là, ça y est !

Ils prennent la corbeille et s'en vont vers la salle, où ils sont acclamés à grands cris.

RODÉ *(d'une voix sonore).* Mes félicitations, che vous souhaite tout, tout et tout ! Il fait un temps magnifique auchourt'hui, une pure splenteur. Ch'ai passé toute la matinée à me promener avec mes lycéens ! Che suis professeur te gymnastique au lycée…

FEDOTIK. Vous pouvez bouger, Irina Sergueïevna, vous pouvez ! *(Prenant une photo.)* Vous êtes en beauté aujourd'hui. *(Il sort de sa poche une toupie.)* Tenez, entre autres, une toupie… Un son étonnant…

IRINA. Que c'est gentil !

MACHA. Un rouvre vert au bord de l'onde, Ce rouvre a une chaîne d'or… Ce rouvre a une chaîne d'or… *(Plaintivement.)* Non mais, qu'est-ce que je dis ? J'ai cette phrase dans la tête, depuis ce matin !…

KOULYGUINE. Treize à table !

RODÉ *(d'une voix sonore).* Mes amis, accortez-fous foi aux superstitions ?

Rires.

KOULYGUINE. Quand on est treize à table, c'est qu'il y a des amoureux. Ça ne serait pas vous par hasard, Ivan Romanytch ?…

Rires.

TCHEBOUTYKINE. Je ne suis qu'un vieux pécheur, moi, mais Natalia Ivanovna, elle a rougi, là, tout d'un coup. J'ai beau chercher, je me demande bien pourquoi…

Rires sonores ; Natacha se lève d'un bond, sort de la salle et court au salon, suivie par Andreï.

ANDREÏ. Allons ! Ne faites pas attention ! Attendez… restez un peu, je vous en prie…

NATACHA. J'ai honte… Je ne sais pas ce qui m'arrive, et eux, tous, qui se moquent de moi. Se lever de table, comme ça, ce n'est pas poli, mais je ne peux pas…. je ne peux pas… *(Elle se cache le visage dans les mains.)*

ANDREÏ. Ma chérie, je vous en prie, je vous en supplie, ne vous inquiétez pas. Je vous assure, ils plaisantent, ils font ça gentiment. Ma chérie, ma douce, ils sont tous gentils, ils ont bon cœur, et ils nous aiment, vous et moi. Venez ici, vers la fenêtre, ils ne pourront pas nous voir… *(Il regarde autour de lui.)*

NATACHA. J'ai si peu l'habitude de la société !…

ANDREÏ. O jeunesse, ô belle, ô merveilleuse jeunesse ! Ma chère, ma douce à moi, ne soyez donc pas si inquiète ! Croyez-moi ! Croyez-moi !… Je me sens si bien, j'ai le cœur plein d'amour, plein d'enthousiasme. Oh, ils ne nous voient pas ! Ils ne nous voient pas ! Pour quoi, pour quoi vous ai-je aimée, quand je vous ai aimée – oh, je n'y comprends rien.

Ma chère, ma douce, ma pure, soyez ma femme ! Je vous aime, je vous aime… comme jamais personne…

Baiser.

Deux officiers entrent et, apercevant le couple qui s'embrasse, s'arrêtent, stupéfaits.

Rideau.

ACTE II

Décors du premier acte.
Huit heures du soir. Dehors, en coulisses, on entend jouer de l'accordéon, d'une manière à peine audible. Pas de lumière.
Entre Natalia Ivanovna, une liseuse sur les épaules, une bougie à la main ; elle se dirige vers la porte de la chambre d'Andreï et s'arrête sur le seuil.

NATACHA. Qu'est-ce que tu fais, Andrioucha ? Tu lis ? Non, rien, juste comme ça… *(Elle va, ouvre une autre porte, regarde de l'autre côté, la referme.)* Ils n'auraient pas laissé de lumière ?…

ANDREÏ *(entrant, un livre à la main).* Qu'est-ce que tu as, Natacha ?

NATACHA. Je regarde s'ils n'auraient pas laissé de lumière… C'est la mi-Carême, les domestiques ont la tête à l'envers, il faut toujours avoir l'œil, s'il arrivait quelque chose. Hier, à minuit, je traverse le salon, et là, une bougie allumée. Qui a pu l'allumer, beau demander, pas moyen de savoir. *(Elle pose sa bougie.)* Quelle heure est-il ?

ANDREÏ *(jetant un coup d'œil à la pendule).* Huit heures et quart.

NATACHA. Dire qu'Olga et Irina ne sont toujours pas là. Pas rentrées. Elles travaillent tout le temps, les malheureuses. Olga a son conseil de classe, Irina est au télégraphe... *(Elle soupire.)* Ce matin, je dis à ta sœur : "Ménage-toi un peu, je lui dis, Irina, ma pauvre petite." Et elle, elle n'écoute rien. Huit heures et quart, tu dis ? J'ai peur, notre Bobik, il est vraiment souffrant. Pourquoi est-il glacé ? Hier, il avait de la fièvre, et, aujourd'hui, il est glacé !... J'ai tellement peur !

ANDREÏ. Ce n'est rien, Natacha. Le petit va bien.

NATACHA. Mais, tout de même, il vaut mieux le mettre à la diète. J'ai peur. Et aujourd'hui, entre huit et neuf heures, il paraît que les masques vont venir, mieux vaudrait qu'ils ne viennent pas, Andrioucha.

ANDREÏ. Ecoute, je n'en sais rien. Mais on les a invités.

NATACHA. Ce matin, le petit bout de chou, il se réveille, il me regarde, et, tout à coup, il me fait un sourire : ça veut dire qu'il m'a reconnue : "Bobik, je lui dis, bonjour ! Bonjour, mon mignon !" Et lui, il rit. Les enfants comprennent, ils comprennent parfaitement. Alors, donc, Andrioucha, je vais dire qu'on ne les reçoit pas, les masques.

ANDREÏ *(indécis).* Mais ce sera comme mes sœurs... Ce sont elles qui décident ici.

NATACHA. A elles aussi, je le dirai. Elles ont bon cœur… *(Elle repart.)* Pour le dîner, j'ai demandé du lait caillé. Le docteur dit que tu ne dois prendre que du lait caillé, sans quoi tu ne maigriras pas. *(Elle s'arrête.)* Bobik est glacé. J'ai peur, il doit avoir froid dans sa chambre. Ne serait-ce qu'en attendant la belle saison, il faudrait le changer de chambre. Par exemple, Irina, sa chambre, elle est parfaite pour un enfant ; bien sèche, et du soleil toute la journée. Il faut le lui dire ; en attendant, elle pourra partager la chambre d'Olga… De toute façon, dans la journée, elle n'est jamais là, elle n'y passe rien que la nuit…

Pause.

Mon petit Andrioucha chéri, pourquoi tu ne dis rien ?

ANDREÏ. Quoi… je réfléchissais… Et qu'est-ce que tu veux que je te dise…

NATACHA. Oui… Je voulais encore te dire quelque chose… Ah, oui. Il y a Férapont qui arrive du conseil, il te demande.

ANDREÏ *(bâillant)*. Appelle-le.

Natacha sort ; Andreï, penché vers la bougie qu'elle a oubliée, lit un livre. Entre Férapont ; il est vêtu d'un vieux manteau râpé, le col rehaussé, les oreilles bandées pour se garantir du froid.

Bonjour, mon petit grand-père. Qu'est-ce tu vas nous dire de beau ?

FÉRAPONTE. Le président qui vous envoie un livre, et un papier, je sais pas. Là... *(Il donne le livre et une grande enveloppe.)*

ANDREÏ. Merci. C'est bien. Pourquoi est-ce que tu viens si tard ? Il est huit heures passées.

FÉRAPONTE. Quoi ?

ANDREÏ *(plus fort).* Tu es venu tard, je dis – huit heures passées.

FÉRAPONTE. Oui, monsieur. Je suis venu vous voir, il faisait encore jour, mais ils me laissaient pas entrer. Monsieur est occupé, ils disaient. Moi : bon. Occupé, je veux bien, j'ai pas le feu, moi. *(Pensant qu'Andreï lui demande quelque chose.)* Quoi ?

ANDREÏ. Rien. *(Examinant le livre.)* Demain, c'est vendredi, il n'y a pas de séance, mais j'irai quand même... ça m'occupera. Je m'ennuie à la maison...

Pause.

Mon petit grand-père, comme la vie change, comme elle est étrange, et trompeuse ! Aujourd'hui, par ennui, par désœuvrement, j'ai repris ce livre – un vieux cours d'université, et ça m'a fait rire, tout ça... Mon Dieu, je suis secrétaire du conseil du zemstvo, de ce conseil qui est présidé par Protopopov, je suis secrétaire, et ce que je peux espérer de mieux, c'est de devenir membre du conseil du zemstvo ! Moi, membre du conseil de ce zemstvo, moi qui me vois toutes les nuits professeur à l'université de Moscou – un savant célèbre, l'orgueil de toute la Russie !

FÉRAPONTE. Je suis pas au courant... Je suis dur d'oreille...

ANDREÏ. Si tu entendais bien, sans doute, je ne te parlerais pas. J'ai besoin de parler à quelqu'un, et ma femme ne me comprend pas, mes sœurs, je ne sais pas pourquoi, elles me font peur, j'ai peur qu'elles ne se moquent de moi, qu'elles ne me ridiculisent... Je ne bois pas, je n'aime pas les bistrots, mais avec quel plaisir je passerais un moment à Moscou, chez Testov, ou au *Grand Moscovite*, mon brave grand-père.

FÉRAPONTE. Ben, à Moscou – un commis, au conseil, tout à l'heure, qui disait ça –, il y avait des marchands qui mangeaient des crêpes ; et y en a un, il en a mangé quarante, de crêpes, et il est mort, à ce qu'on dit. Quarante ou cinquante. Je me souviens plus.

ANDREÏ. Tu es à Moscou, dans l'immense salle d'un restaurant, tu ne connais personne et personne ne te connaît, et, en même temps, tu ne te sens pas étranger. Et ici, tu connais tout le monde, et tout le monde te connaît, mais tu es un étranger, un étranger... Etranger, solitaire.

FÉRAPONTE. Quoi ?

Pause.

Et le même commis, il disait – c'était tout des menteries peut-être – comme quoi, à travers tout Moscou, ils avaient tendu un câble.

ANDREÏ. Pour quoi faire ?

FÉRAPONTE. Je sais pas. Le commis qui disait ça.

ANDREÏ. Des idioties. *(Il lit le livre.)* Tu es déjà allé à Moscou ?

FÉRAPONTE *(après une pause).* Non, monsieur. Dieu aura pas voulu.

Pause.

Je peux m'en repartir ?

ANDREÏ. Vas-y. Porte-toi bien.

Féraponte sort.

Porte-toi bien. *(Il lit.)* Demain matin, tu passeras, tu prendras ces papiers… Va…

Pause.

Il est parti.

On sonne.

Oui, voilà le travail… *(Il s'étire, et, sans hâte, se retire chez lui.)*

En coulisses, la nounou chante, berçant le bébé. Entrent Macha et Verchinine. Pendant leur conversation, la bonne allume une lampe et des bougies.

MACHA. Je ne sais pas.

Pause.

Je ne sais pas. Bien sûr, l'habitude y est pour beaucoup. Après la mort de père, par exemple, nous avons mis longtemps à nous habituer à ne plus avoir d'ordonnances. Mais, en dehors de l'habitude, il me semble que c'est aussi l'équité qui parle en moi. Peut-être n'est-ce pas pareil ailleurs, mais, dans notre ville, les gens les plus honnêtes, les plus dignes et les mieux éduqués, ce sont les militaires.

VERCHININE. J'ai soif. Je prendrais bien du thé.

MACHA *(après un coup d'œil à la pendule).* On va bientôt le servir. On m'a mariée quand j'avais dix-huit ans, et j'avais peur de mon mari, parce qu'il était professeur, et moi, j'avais à peine fini mes études. Je le trouvais terriblement instruit, intelligent, important. Ce n'est plus le cas maintenant, hélas.

VERCHININE. C'est vrai... oui.

MACHA. Je ne parle pas de mon mari, je me suis faite à lui, mais les civils, dans l'ensemble, ils sont si souvent grossiers, malpolis, mal éduqués. La grossièreté, elle me blesse, elle m'humilie, je souffre quand je vois qu'un homme manque de finesse, de douceur, de tact. Quand je me trouve parmi les professeurs, les collègues de mon mari, je souffre, tout simplement.

VERCHININE. Mmoui… Moi, il me semble que c'est sans importance, civils ou militaires, ils n'ont pas plus d'intérêt les uns que les autres, du moins dans cette ville. Sans importance ! Prêtez l'oreille à l'un de nos intellectuels, civil ou militaire, il vous dira qu'il ne peut plus supporter sa femme, supporter sa maison, supporter son domaine, supporter ses chevaux… Le Russe est très enclin aux pensées élevées, mais, dans la vie, dites-moi, pourquoi en reste-t-il si bas ? Pourquoi ?

MACHA. Pourquoi ?

VERCHININE. Et pourquoi ne peut-il plus supporter ses enfants, supporter sa femme ? Pourquoi sa femme et ses enfants ne peuvent-ils plus le supporter, lui ?

MACHA. Vous n'êtes pas bien gai, aujourd'hui.

VERCHININE. Possible. Je n'ai pas déjeuné aujourd'hui, je n'ai rien mangé depuis ce matin. L'une de mes filles est un petit peu malade, et, quand mes filles tombent malades, je me ronge d'inquiétude, je me torture de remords à l'idée de leur avoir donné une mère pareille. Oh, si vous l'aviez vue aujourd'hui ! Quelle moins que rien ! Nous avons commencé à nous disputer à sept heures du matin, et, à neuf heures, je suis parti en claquant la porte.

Pause.

Ce sont des choses dont je ne parle jamais – c'est étrange, il n'y a qu'à vous que je me plaigne. *(Il lui baise la main.)* Ne m'en veuillez pas. A part vous, vous seule, je n'ai personne, personne…

Pause.

MACHA. Ce bruit dans le poêle* ! Peu avant la mort de père, ça grondait dans les tuyaux. Tout à fait comme ça.

VERCHININE. Vous êtes superstitieuse ?

MACHA. Oui.

VERCHININE. C'est étrange, ça. *(Il lui baise la main.)* Vous êtes une femme splendide, merveilleuse. Splendide, merveilleuse ! Il fait sombre ici, mais je vois la lumière de vos yeux.

MACHA *(changeant de chaise).* Il fait plus clair ici.

VERCHININE. J'aime, j'aime, j'aime… J'aime vos yeux, vos gestes que je vois en rêve… Une femme splendide, merveilleuse !

MACHA *(riant doucement).* Quand vous me parlez comme ça, je ris, je ne sais pas pourquoi, même si j'ai peur. Ne le redites pas, je vous en prie… *(A mi-voix.)* Et puis, bon, parlez, peu m'importe… *(Elle se cache le visage dans les mains.)* Peu m'importe. On vient, parlez d'autre chose.

Entrent Irina et Touzenbach, qui traversent la salle.

* Allusion à une superstition : c'est l'âme du mort qui est censée faire ce bruit.

TOUZENBACH. J'ai un nom triple. Je suis le baron Touzenbach-Krone-Altschauer, mais je suis russe, orthodoxe, comme vous. Je n'ai plus rien d'allemand, à part, peut-être, la patience, et l'obstination avec laquelle je vous ennuie. Je vous raccompagne tous les soirs.

IRINA. Comme je suis fatiguée !

TOUZENBACH. Et, tous les soirs, j'irai vous chercher au télégraphe pour vous raccompagner chez vous, je le ferai pendant dix ans, vingt ans, si vous ne me chassez pas… *(Apercevant Macha et Verchinine – d'une voix joyeuse.)* C'est vous ? Bonsoir.

IRINA. Enfin, me voilà de retour. *(A Macha.)* Là, tout de suite, il y avait une dame qui voulait envoyer un télégramme à son frère à Saratov, elle veut lui dire qu'elle vient de perdre son fils aujourd'hui même, et elle n'arrive absolument plus à se souvenir de l'adresse. J'ai envoyé le télégramme comme ça, sans adresse, juste "Saratov". Elle, elle pleure. Et, moi, voilà que je la rembarre. Je lui dis : "Je n'ai pas le temps." C'était si bête. Les masques vont venir aujourd'hui ?

MACHA. Oui.

IRINA *(s'asseyant dans un fauteuil)*. Se reposer. Fatiguée.

TOUZENBACH *(avec un sourire)*. Quand vous rentrez du travail, vous avez l'air si petite, si malheureuse…

Pause.

IRINA. Fatiguée. Non, je n'aime pas le télégraphe, je n'aime pas ça.

MACHA. Tu as maigri… *(Elle sifflote.)* Et tu as rajeuni, tu as un petit museau de gamin.

TOUZENBACH. C'est la coiffure.

IRINA. Il faudrait que je cherche un autre travail, il ne me convient pas, celui-là. Ce que je voulais si fort, ce à quoi je rêvais, c'est justement ce qui lui manque. Un travail sans poésie, sans idées…

On frappe au plancher.

Le docteur qui frappe. *(A Touzenbach.)* Mon ami, frappez. Je ne peux pas… fatiguée…

Touzenbach frappe au plancher.

Il arrive. Il faudrait prendre des mesures, faire quelque chose. Hier, le docteur et notre Andreï sont allés au club, et ils ont encore perdu. Il paraît qu'Andreï a perdu deux cents roubles.

MACHA *(indifférente).* Qu'est-ce qu'on y peut, à présent !

IRINA. Voilà deux semaines, il a perdu ; en décembre, il a perdu. Il ferait mieux de tout perdre : alors, peut-être, nous partirions de cette ville. Seigneur mon Dieu, toutes les nuits, je rêve de Moscou – une vraie folle. *(Elle rit.)* Nous déménageons en juin, et, d'ici à juin, il reste encore… février, mars, avril, mai… presque six mois !

MACHA. Ce qu'il faut, seulement, c'est que Natacha ne sache pas qu'il a perdu.

IRINA. A mon avis, elle, ça lui importe peu.

Tcheboutykine, qui vient juste de se lever – il faisait une sieste digestive –, entre dans la salle en se peignant la barbe, puis prend place à table et sort un journal de sa poche.

MACHA. Le voilà… Il a payé son loyer ?

IRINA *(elle rit).* Non. Pas un sou en huit mois. Il a oublié, il faut croire.

MACHA *(elle rit).* Ce qu'il a l'air grave, assis comme ça !

Tout le monde rit ; pause.

IRINA. Pourquoi ne dites-vous rien, Alexandre Ignatievitch ?

VERCHININE. Je ne sais pas. Je prendrais bien du thé. Mon royaume pour un verre de thé ! Je n'ai rien mangé depuis ce matin…

TCHEBOUTYKINE. Irina Sergueïevna !

IRINA. Que voulez-vous ?

TCHEBOUTYKINE. Venez me rejoindre. *Venez ici* *.

Irina obéit, et s'assied à table.

* En français dans le texte. Nous proposons de transposer soit en mauvais anglais, soit en mauvais allemand.

Je ne peux pas me passer de vous.

Irina commence une réussite.

VERCHININE. Ma foi, s'il n'y a pas de thé, philosophons.

TOUZENBACH. Très bien. A quel sujet ?

VERCHININE. Quel sujet ? Rêvons un peu... par exemple, à la vie qu'il y aura après nous, à deux ou trois cents ans d'ici.

TOUZENBACH. Ma foi, après nous, on volera en montgolfière, les vestons changeront de coupe, on découvrira, peut-être, un sixième sens, qu'on développera, mais la vie restera semblable, difficile, pleine de mystères et heureuse. Et, dans mille ans, les hommes gémiront de la même façon : "Ah, que la vie est dure !" et, en même temps, exactement comme aujourd'hui, ils auront peur de la mort et ils ne voudront pas mourir.

VERCHININE *(après une réflexion)*. Comment vous dire ? J'ai l'impression que tout sur terre est destiné à changer petit à petit, et que tout change déjà sous nos yeux. Dans deux ou trois cents ans – mille ans, si vous voulez, ce n'est pas une question de durée – une vie nouvelle, heureuse, commencera. Cette vie, nous n'en serons pas, bien sûr, mais c'est pour elle que nous vivons aujourd'hui, que nous travaillons, que nous souffrons, enfin ; c'est nous qui la créons – c'est cela seul, le but de notre existence et, si vous voulez, notre bonheur.

Macha rit doucement.

TOUZENBACH. Qu'est-ce qu'il y a ?

MACHA. Je ne sais pas. Je n'arrête pas de rire, aujourd'hui – depuis ce matin, je ris.

VERCHININE. J'ai interrompu mes études au même stade que vous, je n'ai pas fait l'académie militaire ; je lis beaucoup ; mes livres, je ne sais pas trop les choisir, et aussi bien, je ne lis pas du tout ce qu'il faudrait, et pourtant, plus je vis, plus j'ai soif de savoir. Mes cheveux grisonnent, je suis déjà presque un vieillard, mais je sais peu de choses, ah ! si peu ! Et, quand même, j'ai l'impression que l'essentiel, ce qui compte vraiment, je le sais, je le sais pour de bon. Comme j'aurais envie de vous démontrer qu'il n'y a pas de bonheur, qu'il ne doit pas y en avoir, et qu'il n'y en aura pas pour nous... Nous devons seulement travailler, travailler encore – le bonheur, ce sera le lot de nos lointains petits-neveux.

Pause.

Si ce ne sont pas les miens, du moins les petits-neveux de mes petits-neveux.

Fedotik et Rodé font leur apparition dans la salle ; ils s'assoient et chantonnent doucement, jouant de la guitare en sourdine.

TOUZENBACH. Même pas le droit de rêver au bonheur, d'après vous ! Et moi, si je suis heureux ?

VERCHININE. Non.

TOUZENBACH *(avec un geste d'impuissance ; tout en riant).* A l'évidence, nous ne nous comprenons pas. Mais comment vous convaincre ?

Macha rit doucement.

(Lui faisant les marionnettes.) Riez ! *(A Verchinine.)* Sans parler de deux ou trois cents ans, même dans un million d'années, la vie, elle restera ce qu'elle a toujours été ; elle ne change pas, elle est immuable, elle suit ses propres lois, qui ne vous concernent pas, ou, du moins, que vous ne connaîtrez jamais. Les oiseaux migrateurs, les grues, par exemple, ils volent, ils volent, et quelles que soient les pensées, nobles ou pas, qui leur passent par la tête, ils continueront de voler, sans savoir ni pourquoi ni vers quoi. Ils volent, et ils voleront toujours, quels que soient les philosophes qui surgissent parmi eux ; et, d'ailleurs, qu'ils philosophent tant qu'ils veulent, du moment qu'ils volent…

MACHA. Mais, quand même, le sens ?

TOUZENBACH. Le sens… Tenez, il neige. Où est le sens ?

Pause.

MACHA. Il me semble que l'homme doit être croyant, ou s'efforcer de l'être, sans quoi sa vie est vide, vide… Vivre et ne pas savoir pourquoi les grues volent, pourquoi les enfants naissent, pourquoi il y a des étoiles dans le ciel… Soit on sait pourquoi l'on vit, soit tout n'est que du vent.

Pause.

VERCHININE. Quand même, c'est triste de voir que la jeunesse a passé…

MACHA. Gogol a dit : "Quel ennui de vivre en ce monde, mes amis !"

TOUZENBACH. Et moi, je dirai : Quelle croix de parler avec vous, mes amis ! J'abandonne, là, vraiment…

TCHEBOUTYKINE *(lisant son journal).* Le mariage de Balzac eut lieu à Berditchev*.

Irina chantonne doucement.

Ça, je me le note dans mon calepin. *(Il note.)* Le mariage de Balzac eut lieu à Berditchev.

IRINA *(elle fait une réussite, songeuse).* Le mariage de Balzac eut lieu à Berditchev.

TOUZENBACH. Le sort en est jeté. Vous savez, Maria Sergueïevna, je donne ma démission.

MACHA. On m'a dit ça. Et je ne vous approuve absolument pas. Je n'aime pas les civils.

* Le fait est historique. Mais Berditchev est la ville juive par excellence aux yeux des Russes, ce qui crée un effet bizarrement comique.

TOUZENBACH. Peu importe... *(Il se lève.)* Je ne suis pas beau, qu'est-ce que je peux valoir, comme militaire ? Enfin, peu importe, notez bien... Je travaillerai. Au moins une fois dans ma vie, je travaillerai si dur que quand je rentrerai le soir, de fatigue, je m'écroulerai sur mon lit, et je m'endormirai comme une masse. *(Se dirigeant vers la salle.)* Comme ils doivent bien dormir, les ouvriers !

FEDOTIK *(à Irina).* Tout de suite, là, rue de Moscou, chez Pyjikov, je vous ai acheté des crayons de couleur. Et ce petit canif...

IRINA. Vous avez pris l'habitude de me traiter comme une petite fille, mais je suis grande maintenant... *(Elle prend les crayons et le petit canif – d'une voix joyeuse.)* Qu'il est joli !

FEDOTIK. Et moi, je me suis acheté un petit couteau... tenez, regardez... une lame, encore une lame, une troisième, ça, c'est pour se curer les oreilles, ça, c'est des petits ciseaux, ça, c'est une lime à ongles...

RODÉ *(d'une voix sonore).* Tocteur, quel âche afez-fous ?

TCHEBOUTYKINE. Moi ? Trente-deux ans.

Rires.

FEDOTIK. Je vais vous apprendre une autre réussite... *(Il dispose les cartes.)*

On apporte le samovar ; Anfissa se tient à côté ; un peu plus tard, Natacha fait son apparition et s'active autour de la table, elle aussi ; entre Saliony, qui salue et passe à table.

VERCHININE. Quel vent, tout de même !

MACHA. Oui. On en a assez, de l'hiver. J'en ai oublié ce que c'était que l'été.

IRINA. Ça tourne bien, la réussite, je vois… C'est gagné, c'est Moscou.

FEDOTIK. Eh non, perdu. Vous voyez, le huit, il est tombé sur le deux de pique. *(Il rit.)* Et donc, fini Moscou.

TCHEBOUTYKINE *(lisant son journal)*. Tsitsicar. La variole sévit*.

ANFISSA *(allant vers Macha)*. Macha, le thé est servi, ma toute belle. *(A Verchinine.)* Je vous en prie, Excellence… pardonnez-moi, mon bon monsieur, j'ai oublié votre petit nom et votre patronyme…

MACHA. Apporte-le ici, nounou. Je n'irai pas là-bas.

IRINA. Nounou !

ANFISSA. J'arri-i-i-ve !

NATACHA *(à Saliony)*. C'est fou ce que ça comprend un bébé. "Bobik, je lui dis, bonjour ! Bonjour, mon mignon !" Il me regarde, d'un regard, comme ça. Vous pensez que c'est seulement la mère qui parle en moi, non, non, non, je vous assure ! C'est un enfant extraordinaire.

* Tsitsicar est une ville de la province de Mandchourie.

SALIONY. Cet enfant-là, si c'était le mien, je me le ferais frire à la poêle, et je me le mangerais.

Un verre à la main, il se dirige vers le salon et s'assied dans un coin.

NATACHA *(se cachant le visage dans les mains).* Malappris, grossier personnage !

MACHA. Heureux celui qui ne remarque pas si c'est l'été ou l'hiver. Si j'étais à Moscou, il me semble que je serais indifférente au temps qu'il fait…

VERCHININE. Ces jours-ci, j'ai lu le journal d'un ministre français, un journal écrit en prison. Le ministre était condamné pour l'affaire de Panama*. Avec quelle exaltation, quelle joie, il évoque les oiseaux qu'il voit par la fenêtre de sa prison, lui qui n'y faisait pas attention auparavant, quand il était ministre. A présent qu'il est en liberté, bien sûr, c'est comme avant, il ne fait plus attention aux oiseaux. De même, vous, vous ne ferez plus attention à Moscou quand vous y habiterez. Le bonheur, nous ne l'avons pas, nous ne l'avons jamais, nous pouvons seulement y rêver.

TOUZENBACH *(prenant une boîte sur la table).* Où sont passés les p'tits bonbons ?

IRINA. Saliony les a mangés.

TOUZENBACH. Tous ?

* Charles Baillot (1843-1917) publia en 1898 ses *Impressions cellulaires* suite à son incarcération dans le cadre du scandale de Panama.

ANFISSA *(servant le thé)*. Une lettre pour vous, mon bon monsieur.

VERCHININE. Pour moi ? *(Il prend la lettre.)* De ma fille. *(Il lit.)* Oui, bien sûr… Je vous prie de m'excuser, Maria Sergueïevna, il faut que je m'éclipse. Je ne boirai pas de thé. *(Il se lève, inquiet.)* Toujours ces histoires…

MACHA. Que se passe-t-il ? Ce n'est pas un secret ?

VERCHININE *(à voix basse)*. Ma femme qui s'est encore empoisonnée. Il faut que j'y aille. Je vais sortir sans me faire remarquer. Terrible ce que c'est désagréable, tout ça. *(Il baise la main de Macha.)* Ma chère, ma merveilleuse, ma douce Maria Sergueïevna… Je vais m'éclipser par là… *(Il sort.)*

ANFISSA. Où il va ? Moi qui venais de servir le thé… Lui alors…

MACHA *(se mettant en colère)*. Fiche-moi la paix ! Tu es une vraie glu, pas un instant de répit, avec toi… *(Elle va vers la table, une tasse à la main.)* Tu m'énerves, la vieille !

ANFISSA. Pourquoi tu te mets en colère ? Ma petite fille !

VOIX D'ANDREÏ. Anfissa !

ANFISSA *(le singeant)*. Anfissa ! Et l'autre, là-bas… *(Elle sort.)*

MACHA *(dans la salle, devant la table – avec colère).* Mais laissez-moi m'asseoir ! *(Elle brouille les cartes sur la table.)* Ils s'installent, là, avec leurs cartes. Buvez-le, votre thé !

IRINA. Tu n'es pas gentille, Machka*.

MACHA. Si je ne suis pas gentille, ne me parlez pas. Ne me touchez pas !

TCHEBOUTYKINE *(riant).* Ne la touchez pas, ne la touchez pas…

MACHA. Soixante ans, et vous êtes là, comme un gamin, à déblatérer.

NATACHA *(elle soupire).* Ma chère Macha, pourquoi laisser entrer un tel vocabulaire dans ta conversation ? Avec un physique comme le tien, dans une société choisie de bon genre, je te le dis comme je le pense, tu serais tout simplement charmante, si tu n'avais pas ce langage. *Je vous prie, pardonnez-moi, Marie, mais vous avez des manières un peu grossières***.

TOUZENBACH *(se retenant de rire).* Donnez-moi… donnez-moi… C'est du cognac, je crois, là-bas…

NATACHA. *Il paraît que mon Bobik déjà ne dort pas****, qu'il est réveillé. Il me couve un petit quelque chose, aujourd'hui. Je vais le voir, excusez-moi… *(Elle sort.)*

* Diminutif familier et agressif.
** En français dans le texte.
*** En français dans le texte.

IRINA. Et Alexandre Ignatievitch, où il est passé ?

MACHA. Il est rentré chez lui. Encore une excentricité de sa femme.

TOUZENBACH *(se dirigeant vers Saliony avec un carafon de cognac).* Vous êtes toujours tout seul, en train de réfléchir – à quoi, personne ne sait. Allez, faisons la paix. Buvons du cognac.

Ils boivent.

Aujourd'hui, je vais devoir jouer du piano toute la nuit, rien que des bêtises, sans doute !… Bah, tant pis !…

SALIONY. Faire la paix, pourquoi ça ? Nous ne sommes pas brouillés.

TOUZENBACH. Vous laissez toujours à penser qu'il s'est passé quelque chose entre nous. Vous avez un caractère étrange, il faut bien l'admettre.

SALIONY *(déclamant).* Etrange, moi ? Qui donc n'est pas étrange* ! Ne t'emporte pas, Aliéko** !

TOUZENBACH. Que vient faire Aliéko là-dedans ?…

Pause.

SALIONY. Quand je suis seul avec quelqu'un, ça va, je suis comme tout le monde, mais, en société, je suis sombre, timide, et… je dis des bêtises. Et pourtant, je suis plus honnête, plus respectable que bien d'autres, oui, bien d'autres. Et je peux le prouver.

* Extrait d'un monologue de Tchatski dans *Du malheur d'avoir de l'esprit* de Griboïedov.
** Aliéko, héros des *Tziganes* de Pouchkine.

TOUZENBACH. Je m'emporte souvent contre vous, vous êtes toujours à me chercher querelle quand nous sommes en société, et pourtant, je ne sais pas pourquoi, vous m'êtes sympathique. Bah, tant pis !... je me soûle aujourd'hui. Buvons !

SALIONY. Buvons !

Ils boivent.

Je n'ai jamais rien eu contre vous, baron. Mais j'ai le caractère de Lermontov. *(A voix basse.)* J'ai même un peu le physique de Lermontov... à ce qu'on dit... *(Il sort de sa poche un flacon de parfum et s'en verse sur les mains.)*

TOUZENBACH. Je donne ma démission. Basta ! J'ai réfléchi pendant cinq ans, et, ça y est, ma décision est prise. Je vais travailler.

SALIONY *(déclamant).* Ne t'emporte pas, Aliéko... Oublie, oublie ces rêves que tu fis...

Tandis qu'ils parlent, Andreï entre sans bruit, un livre à la main, et il s'assied près d'une bougie.

TOUZENBACH. Je vais travailler.

TCHEBOUTYKINE *(allant au salon avec Irina).* C'était un vrai repas du Caucase : de la soupe à l'oignon, et, comme plat de résistance, de la tchec'hartma à la viande.

SALIONY. La tcheremcha, ce n'est pas de la viande, mon cher, c'est une plante du genre de notre oignon.

TCHEBOUTYKINE. Non, cher ange. La tchec'hartma, ce n'est pas de l'oignon, c'est du mouton.

SALIONY. Et moi je vous dis que la tcheremcha, c'est de l'oignon.

TCHEBOUTYKINE. Et moi, je vous dis que la tchec'hartma, c'est du mouton.

SALIONY. Et moi je vous dis que la tcheremcha, c'est de l'oignon.

TCHEBOUTYKINE. A quoi bon discuter avec vous ? Le Caucase, vous n'y avez jamais mis les pieds, et vous n'avez jamais mangé de tchec'hartma.

SALIONY. Non, je n'en ai jamais mangé, pour la bonne raison que je ne la supporte pas. La tcheremcha, elle sent l'ail.

ANDREÏ *(suppliant).* Assez, mes amis ! Je vous le demande.

TOUZENBACH. Quand viendront-ils, les masques ?

IRINA. Ils ont promis de venir vers neuf heures ; à l'instant, donc.

TOUZENBACH *(prenant Andreï dans ses bras).* O seuil, mon seuil de bois clair, Mon isba dans la lumière…

ANDREÏ *(chantant et dansant).* Neuve au bord du bois… Tu es toute à moi* !

* Il s'agit d'un chant populaire très célèbre.

TCHEBOUTYKINE *(dansant)*. Tu es toute à moi !

Rires.

TOUZENBACH *(embrassant Andreï)*. Le diable m'emporte, buvons ! Andrioucha, allez, buvons à notre tutoiement. Tous les deux, Andrioucha, toi et moi, nous irons à Moscou, à l'université.

SALIONY. Laquelle ? Il y a deux universités à Moscou.

ANDREÏ. Il n'y a qu'une seule université à Moscou.

SALIONY. Et moi, je vous dis : deux.

ANDREÏ. Mettons même trois. Tant mieux.

SALIONY. Il y a deux universités à Moscou.

Rumeurs et protestations.

Il y a deux universités à Moscou : l'ancienne et la nouvelle. Et si vous ne souhaitez pas m'entendre, si mes paroles vous agacent, je peux ne pas parler. Je peux même me retirer dans une autre pièce… *(Il sort par l'une des portes.)*

TOUZENBACH. Bravo ! Bravo ! *(Il rit.)* Mes amis, allez-y, moi, je me mets au piano ! Il est drôle, ce Saliony… *(Il s'installe au piano, joue une valse.)*

MACHA *(valsant toute seule)*. Il est soûl, le baron, il est soûl, le baron, il est soûl, le baron !

Entre Natacha.

NATACHA *(à Tcheboutykine).* Ivan Romanytch ! *(Elle glisse quelques mots à Tcheboutykine, puis se retire sans bruit.)*

Tcheboutykine touche l'épaule de Touzenbach et lui dit quelque chose à l'oreille.

IRINA. Que se passe-t-il ?

TCHEBOUTYKINE. Il est temps pour nous d'y aller. Portez-vous bien.

TOUZENBACH. Bonne nuit. Il est temps d'y aller.

IRINA. Mais enfin ?... Et les masques ?...

ANDREÏ *(gêné).* Les masques ne viennent pas. Tu comprends, ma bonne Irina, Natacha dit que Bobik est un peu souffrant, alors donc... Bref, je ne sais pas, pour moi, ça n'a aucune importance.

IRINA *(haussant les épaules).* Bobik, un peu souffrant !

MACHA. A la guerre comme à la guerre !... Puisqu'on nous chasse, eh bien, partons. *(A Irina.)* Ce n'est pas Bobik qui est malade, c'est elle... De là ! *(Elle se frappe le front avec le doigt.)* Petite-bourgeoise !

Andreï rentre chez lui par la porte de droite, Tcheboutykine le suit ; dans la salle, on se dit au revoir.

FEDOTIK. Quel dommage ! Moi qui comptais passer une bonne petite soirée, mais si le bébé est malade, alors, bien entendu... Demain, je lui apporterai un joujou...

RODÉ *(d'une voix sonore).* Et moi, exprès, qui afais fait la sieste après mancher, en me tisant que ch'allais tanser toute la nuit. Et il n'est que neuf heures !

MACHA. Allons dans la rue, on y sera mieux pour parler. On verra ce qu'on peut faire.

On entend : "Adieu ! Portez-vous bien !" On entend le rire joyeux de Touzenbach. Tout le monde sort. Anfissa et la bonne desservent, éteignent les lampes. On entend chanter la nourrice. Andreï, en manteau et chapeau, entre sans bruit avec Tcheboutykine.

TCHEBOUTYKINE. Je n'ai pas eu le temps de me marier parce que la vie, elle a passé comme un éclair, et puis parce que, j'étais amoureux fou de ta maman, laquelle était mariée…

ANDREÏ. Se marier, ça ne sert à rien. Ça ne sert à rien, parce que c'est ennuyeux.

TCHEBOUTYKINE. Ça, c'est bien vrai, seulement, la solitude… Philosophe tant que tu veux, la solitude, c'est un truc terrible, mon petit gars… Quoique, après tout… évidemment, pas la moindre importance !

ANDREÏ. Allons-y vite.

TCHEBOUTYKINE. Pourquoi se presser ? On a le temps.

ANDREÏ. J'ai peur que ma femme ne me retienne.

TCHEBOUTYKINE. Ah !

ANDREÏ. Aujourd'hui, je ne jouerai pas, je regarderai, c'est tout. Je suis comme un petit peu souffrant… Qu'est-ce que je pourrais bien faire, Ivan Romanytch, contre l'essoufflement ?

TCHEBOUTYKINE. Pourquoi tu me demandes ça ! Je ne me souviens plus, mon petit gars. Je ne sais pas.

ANDREÏ. Passons par la cuisine.

Ils sortent.

On sonne, une fois, puis une autre ; on entend des voix, des rires.

IRINA *(entrant)*. Qui est là ?

ANFISSA *(chuchotant)*. Les masques !

On sonne.

IRINA. Nounou, dis-leur qu'il n'y a personne. Qu'ils nous excusent.

Anfissa sort. Irina, songeuse, déambule à travers la pièce ; elle est bouleversée. Entre Saliony.

SALIONY *(stupéfait)*. Personne… Où ils sont, tous ?

IRINA. Rentrés chez eux.

SALIONY. Etrange. Vous êtes seule ici ?

IRINA. Oui.

Pause.

Adieu.

SALIONY. Tout à l'heure, j'ai manqué de tact, je me suis conduit comme un rustre. Mais vous n'êtes pas comme les autres, vous, vous êtes noble et pure, vous voyez la vérité... Vous êtes la seule, la seule à pouvoir me comprendre. J'aime, profondément, j'aime infiniment...

IRINA. Adieu ! Partez.

SALIONY. Je ne peux pas vivre sans vous. *(La suivant.)* O ma félicité ! *(Au bord des larmes.)* O bonheur ! Ces yeux somptueux, merveilleux, stupéfiants, je n'en ai vu chez aucune autre femme...

IRINA *(avec froideur).* Arrêtez, Vassili Vassilitch !

SALIONY. C'est la première fois que je parle de mon amour pour vous, à croire que je ne suis pas sur terre, mais sur une autre planète. *(Il se frotte le front.)* Bon, mais peu importe. On ne peut pas forcer autrui à vous aimer, bien sûr. Mais de rival heureux, je ne dois pas en avoir... Je ne dois pas... Je vous le jure, sur tout ce qu'il y a de sacré, mon rival, je le tuerai... O merveilleuse !

Natacha passe, une bougie à la main.

NATACHA *(elle jette un coup d'œil derrière une porte, derrière une autre et passe devant la porte de la chambre de son mari).* Andreï est là. Laissons-le lire. Vous m'excuserez, Vassili Vassilitch, je ne savais pas que vous étiez là, je ne suis pas habillée.

SALIONY. Peu m'importe. Adieu !

Il sort.

NATACHA. Mais tu es fatiguée, ma chérie, ma pauvre petite fille ! *(Elle embrasse Irina.)* Tu devrais te coucher plus tôt.

IRINA. Bobik dort ?

NATACHA. Oui. Mais d'un sommeil agité. A propos, ma chérie, je voulais te dire, mais soit c'est toi qui n'es pas là, soit c'est moi qui n'ai jamais le temps... Pour Bobik, la chambre des enfants, la chambre actuelle, je trouve qu'elle est humide et froide. Ta chambre à toi, c'est l'idéal pour un enfant. Ma chérie, ma gentille, installe-toi chez Olia, en attendant.

IRINA *(sans comprendre)*. Chez qui ?

On entend une troïka à clochettes qui approche de la maison.

NATACHA. Tu partageras la chambre d'Olia, en attendant ; la tienne, elle sera pour Bobik. Il est tellement mignon ; aujourd'hui, je lui dis comme ça : "Bobik, mon tout à moi ! A moi !" Et lui, il me regarde, avec ses petits yeux tout mignons.

On sonne.

C'est sans doute Olga. Ce qu'elle rentre tard !

La bonne vient trouver Natacha et lui chuchote quelque chose à l'oreille.

Protopopov ? Quel phénomène, celui-là. Protopopov vient d'arriver, il m'invite à faire un tour, avec lui, en troïka. *(Elle rit.)* Qu'ils sont étranges, ces hommes...

On sonne.

Voilà quelqu'un… Ou rien qu'un petit tour, juste un quart d'heure… *(A la bonne.)* Dis que j'arrive.

On sonne.

On sonne… c'est Olga, sans doute. *(Elle sort.)*

La bonne sort en courant ; Irina reste assise, songeuse ; entrent Koulyguine, Olga, et, derrière eux, Verchinine.

KOULYGUINE. Ça alors. Mais ils avaient dit qu'ils donnaient une soirée.

VERCHININE. C'est étrange, je suis parti il n'y a pas longtemps de ça, une demi-heure, on attendait les masques…

IRINA. Tout le monde est parti.

KOULYGUINE. Macha aussi, elle est partie ? Partie pour aller où ? Et Protopopov, pourquoi est-ce qu'il attend, en bas, en troïka ? Il attend qui ?

IRINA. Ne me posez pas de questions… Je suis fatiguée.

KOULYGUINE. Ce qu'elle est capricieuse…

OLGA. Le conseil vient juste de se terminer. Je n'en peux plus. Notre directrice est malade, c'est moi qui la remplace maintenant. Ma tête, ma pauvre tête, que j'ai mal à la tête… *(Elle s'assied.)* Andreï a perdu deux cents roubles aux cartes, hier… Toute la ville en parle…

KOULYGUINE. Oui, moi aussi, il m'a fatigué, ce conseil. *(Il s'assied.)*

VERCHININE. Là, tout de suite, ma femme s'est mis en tête de me faire peur, elle a failli s'empoisonner. Tout est arrangé, je suis content, je me repose à présent... Alors, il faut rentrer ? Eh bien, je vous souhaite le bonsoir. Fiodor Ilitch, allons quelque part tous les deux ! Impossible de rester chez moi, oui, impossible... Venez !

KOULYGUINE. Je suis fatigué. Je n'irai pas. *(Il se lève.)* Fatigué. Ma femme, elle est rentrée à la maison ?

IRINA. Je suppose.

KOULYGUINE *(il baise la main d'Irina)*. Adieu. Demain et après-demain, repos toute la journée. Bonsoir ! *(Il commence à se retirer.)* Comme j'ai envie d'un verre de thé. Je comptais passer la soirée en agréable compagnie et – *o fallacem hominum spem !...* Accusatif exclamatif...

VERCHININE. Donc, j'irai tout seul. *(Il sort avec Koulyguine, en sifflotant.)*

OLGA. Ma tête, j'ai mal à la tête... Andreï a perdu... toute la ville en parle... Je vais me coucher. *(Elle commence à se retirer.)* Demain je suis libre... O mon Dieu, quel bonheur ! Demain, je suis libre ; après-demain, je suis libre... Ma tête, ma pauvre tête... *(Elle sort.)*

IRINA *(seule).* Tout le monde est parti. Personne.

Dans la rue, un accordéon ; la nourrice chante une chanson.

NATACHA *(en pelisse et chapeau, traversant la salle, suivie par la bonne).* Je serai de retour dans une demi-heure. Je vais juste faire un petit tour. *(Elle sort.)*

IRINA *(restée seule ; avec angoisse et nostalgie).* A Moscou ! A Moscou ! A Moscou !

Rideau.

ACTE III

La chambre d'Olga et d'Irina. A gauche et à droite, deux lits séparés par des paravents. Entre deux et trois heures du matin. En coulisses, on sonne le tocsin pour un incendie qui a débuté voilà déjà longtemps. On voit que, dans la maison, personne ne s'est couché. Macha est étendue, tout habillée, sur un divan ; elle porte une robe noire, comme d'habitude.
Entrent Olga et Anfissa.

ANFISSA. Pour le moment, elles sont sous l'escalier… Moi, je dis : "Mais montez, je vous prie, je dis, c'est-y Dieu possible de rester là comme ça" – elles, elles pleurent. "Papa, elles disent, on sait pas où il est. Pourvu, elles disent, qu'il soit pas brûlé". Manquerait plus que ça ! Et dans la cour, y en a d'autres encore… sans rien sur eux, non plus.

OLGA *(sortant des habits de l'armoire).* Tiens, prends cette petite grise-là… Et celle-ci encore… Et le petit corsage… Et cette jupe-là, prends-la, ma bonne nounou… A-t-on jamais vu ça, mon

Dieu ! La ruelle Kirsanovski a dû brûler d'un bout à l'autre, c'est sûr… Tiens, prends ça… Tiens, prends ça… *(Elle lui jette des habits sur les bras.)* Les Verchinine, les pauvres, cette peur qu'ils ont eue… Leur maison a failli brûler. Qu'ils passent la nuit chez nous… On ne peut pas les laisser rentrer chez eux… Le pauvre Fedotik, chez lui, tout a brûlé, il ne lui reste rien…

ANFISSA. Tu pourrais appeler Féraponte, Oliouchka, je porterai pas ça toute seule…

OLGA *(elle sonne)*. On sonne, personne n'entend… *(Par la porte.)* Ho ! Quelqu'un !

Par la porte ouverte, on voit la fenêtre, rougie par la lueur de l'incendie ; on entend une voiture de pompiers qui passe devant la maison.

Quelle horreur. Et comme j'en ai assez !

Entre Féraponte.

Tiens, prends ça, descends-le… Sous l'escalier, il y a les demoiselles Kolotiline… donne-leur ça. Et ça, en plus…

FÉRAPONTE. A vos ordres. En 1812, Moscou aussi a brûlé. Seigneur Dieu ! Ils en revenaient pas, les Français !

OLGA. Allez, vas-y…

FÉRAPONTE. A vos ordres. *(Il sort.)*

OLGA. Ma bonne nounou, ma douce, va, donne tout. Nous n'avons besoin de rien, va, donne tout, ma bonne… Je suis fatiguée, je tiens à peine sur mes jambes… On ne peut pas laisser les Verchinine rentrer chez eux… Les petites filles dormiront au salon, Alexandre Ignatievitch, on le mettra en bas, chez le baron… Fedotik aussi, chez le baron, ou bien chez nous, dans la salle… Le docteur, comme par un fait exprès, il est soûl, affreusement soûl, pas moyen de mettre quelqu'un chez lui. Et la femme de Verchinine, aussi, au salon.

ANFISSA *(à bout de force)*. Oliouchka, ma chérie, me chasse pas ! Me chasse pas !

OLGA. Tu dis des sottises, nounou. Personne ne te chasse.

ANFISSA *(posant sa tête sur la poitrine d'Olga)*. Ma petite fille à moi, mon trésor, je m'échine, je travaille… Quand je n'aurai plus de forces, on me dira : Va-t'en ! Mais où j'irai ? Où ça ? Quatre-vingts ans. Bientôt quatre-vingt-deux…

OLGA. Assieds-toi un peu, nounou… Tu n'en peux plus, ma pauvre petite… *(Elle la fait asseoir.)* Repose-toi, ma gentille. Tu es devenue toute pâle !

Entre Natacha.

NATACHA. Là-bas, on dit qu'il faut vite fonder une association de secours aux sinistrés. Eh bien, c'est une très belle idée. En général, il faut aider les pauvres, c'est le devoir des riches. Bobik et

Sofotchka dorment bien tranquillement, ils dorment comme si de rien n'était. Chez nous, il y a des gens partout, on ne peut plus mettre un pied devant l'autre. Il y a des cas de grippe en ville, j'ai peur que les enfants ne l'attrapent.

OLGA *(sans l'écouter).* De cette chambre, on ne voit pas l'incendie, tout est tranquille ici…

NATACHA. Oui… Je dois être toute décoiffée. *(Devant la glace.)* On dit que j'ai grossi… ce n'est pas vrai ! Pas du tout ! Et Macha qui dort, elle est à bout de force, la pauvre… *(A Anfissa, d'une voix glaciale.)* Que je t'y reprenne, à rester assise devant moi ! Debout ! Et file !

Anfissa s'en va ; pause.

Pourquoi tu la gardes, cette vieille, je ne comprends pas !

OLGA *(sidérée).* Pardon, moi non plus je ne comprends pas…

NATACHA. Elle ne sert à rien ici, c'est une paysanne, ça doit vivre au village, ces gens-là… Qu'est-ce que c'est, ce gaspillage ! J'aime qu'il y ait de l'ordre à la maison ! Pas de bouches inutiles à la maison. *(Elle lui caresse la joue.)* Ma pauvre petite, tu es fatiguée ! Elle est fatiguée, notre directrice ! Quand ma Sofotchka aura grandi et qu'elle entrera au lycée, moi, j'aurai peur de toi.

OLGA. Mais je ne serai pas directrice.

NATACHA. Tu seras élue, Oletchka. C'est décidé.

OLGA. Je refuserai. Je ne peux pas… Je n'ai pas la force… *(Elle boit de l'eau.)* Tu as été si grossière avec la nourrice… Excuse-moi, je ne suis pas en état de supporter… j'en ai eu comme un voile devant les yeux…

NATACHA *(émue)*. Pardon, Olia, pardon… Je ne voulais pas te faire de peine.

Macha se lève, prend un oreiller et s'en va, en colère.

OLGA. Comprends-moi, ma chérie… nous avons peut-être reçu une éducation étrange, mais je ne supporte pas ça. Cette façon de se conduire, ça m'oppresse, ça me rend malade… ça m'enlève simplement tout mon courage !

NATACHA. Pardon, pardon !… *(Elle l'embrasse.)*

OLGA. La moindre grossièreté, la moindre parole sans délicatesse suffit à me bouleverser…

NATACHA. Je dis souvent des choses inutiles, c'est vrai, mais reconnais, ma chérie, qu'elle serait aussi bien dans son village.

OLGA. Elle est chez nous depuis trente ans.

NATACHA. Mais elle est incapable de travailler à présent ! Soit je ne te comprends pas, soit c'est toi qui ne veux pas me comprendre. Elle est inapte à tout travail, elle ne fait que dormir ou rester assise.

OLGA. Eh bien, qu'elle reste assise.

NATACHA *(étonnée).* Comment, qu'elle reste assise ? Mais c'est une domestique. *(Au bord des larmes.)* Je ne te comprends pas, Olia. J'ai une nurse, j'ai une nourrice, nous avons une bonne, une cuisinière… à quoi elle nous sert, cette vieille-là ? A quoi ?

En coulisses, on entend sonner le tocsin.

OLGA. Cette nuit, j'ai vieilli de dix ans.

NATACHA. Il faut que nous mettions les choses au point, Olia. Une bonne fois pour toutes… A toi le lycée, à moi la maison, à toi l'éducation, à moi les problèmes ménagers. Si je dis quelque chose sur les domestiques, je sais ce que je dis ; je sais ce-que-je-dis… Qu'à partir de demain, je ne la voie plus ici, cette vieille voleuse, cette saleté… *(elle trépigne)* cette sorcière ! Et j'interdis qu'on m'énerve ! J'interdis ! *(Elle se reprend.)* C'est vrai, tant que tu n'auras pas déménagé pour t'installer en bas, nous serons sans cesse comme chien et chat. C'est effroyable.

Entre Koulyguine.

KOULYGUINE. Où est Macha ? Il serait grand temps de rentrer. Il paraît que l'incendie se calme. *(Il s'étire.)* Il n'y a qu'un quartier qui a brûlé, malgré le vent qu'il y avait ; au début, on pouvait croire que c'était toute la ville qui brûlait. *(Il s'assied.)* Je suis vidé. Oletchka, ma chérie… Je me dis souvent : S'il n'y avait pas eu Macha, c'est avec toi que je me serais marié, Oletchka. Tu es très gentille… Je n'en peux plus. *(Il tend l'oreille.)*

OLGA. Quoi donc ?

KOULYGUINE. Comme par un fait exprès, le docteur a une crise d'ivrognerie, il est affreusement soûl. Comme par un fait exprès ! *(Il se lève.)* Le voilà qui arrive par ici, je crois… Vous entendez ? Oui, c'est lui… *(Il rit.)* Non mais, celui-là, alors… Je me cache. *(Il se réfugie dans un coin, du côté de l'armoire.)* Le forban.

OLGA. Deux ans qu'il ne buvait plus, et là, d'un coup, il se soûle… *(Elle se retire avec Natacha au fond de la chambre.)*

Tcheboutykine entre ; sans tanguer, comme s'il était à jeun, il traverse la chambre, s'arrête, regarde, s'approche du lavabo et entreprend de se laver les mains.

TCHEBOUTYKINE *(lugubre)*. Le diable les bouffe tous… les étouffe tous… Ils croient que je suis docteur, que je sais guérir les maladies, et moi, je ne sais absolument rien, j'ai oublié tout ce que je savais, je ne me souviens de rien, absolument rien.

Olga et Natacha sortent, sans qu'il s'en aperçoive.

Le diable étouffe… Mercredi dernier, j'ai soigné une femme sur la Zasyp'* – elle est morte, et c'est ma faute si elle est morte. Oui… Il y a vingt-cinq ans, je savais quelque chose, maintenant, je ne me souviens de rien. De rien… Du vide dans la tête, du froid dans le cœur. Peut-être je ne suis même pas

* Il s'agit d'un faubourg.

un homme, je fais juste semblant d'avoir des bras et des jambes… et une tête ; peut-être je n'existe pas du tout, c'est juste une impression, que je marche, que je mange, que je dors. *(Il pleure.)* Oh, si je pouvais ne pas exister !… *(Il cesse de pleurer ; lugubre.)* Du diable si… Avant-hier, conversation au club ; Shakespeare, ils disent, Voltaire… Pas lu, pas lu une ligne, et j'ai fait mine que si. Et les autres, pareil. C'est bas ! C'est lâche ! Et cette femme que j'ai tuée mercredi, elle m'est revenue à la mémoire… tout m'est revenu à la mémoire, et je me suis senti moche, sale et répugnant… je suis allé me soûler…

Entrent Irina, Verchinine et Touzenbach ; Touzenbach en habits civils, neufs et à la mode.

IRINA. Restons un peu ici. Personne n'entrera.

VERCHININE. Sans les soldats, toute la ville aurait brûlé ! Les braves gars ! *(Il se frotte les mains de joie.)* Ça, c'est des hommes ! Ah, les braves gars !

KOULYGUINE *(allant vers eux).* Quelle heure est-il, mes amis ?

TOUZENBACH. Trois heures passées, déjà. Le jour commence à se lever.

IRINA. Ils restent tous dans la salle, personne ne s'en va. Et votre Saliony, là, pareil… *(A Tcheboutykine.)* Vous feriez mieux d'aller au lit, docteur.

TCHEBOUTYKINE. Mais oui, mamzelle… Merci, mamzelle. *(Il se peigne la barbe.)*

KOULYGUINE *(riant).* Du vent dans les voiles, Ivan Romanytch ! *(Il lui donne une tape sur l'épaule.)* Bravo ! *In vino veritas*, disaient les anciens.

TOUZENBACH. On n'arrête pas de me demander de donner un concert au profit des sinistrés.

IRINA. Enfin, mais qui… ?

TOUZENBACH. Ça pourrait se faire, si on voulait. Maria Sergueïevna, par exemple, c'est une pianiste merveilleuse.

KOULYGUINE. Une pianiste merveilleuse !

IRINA. Mais elle a oublié. Trois ans qu'elle n'a pas joué… quatre, même.

TOUZENBACH. Ici, en ville, personne ne comprend la musique, pas âme qui vive, mais moi, je la comprends, et je jure, parole d'honneur, que Maria Sergueïevna joue de façon magnifique, elle a presque un talent.

KOULYGUINE. Vous avez raison, baron. Je l'aime beaucoup, Macha. Elle est épatante.

TOUZENBACH. Jouer d'une façon si somptueuse et sentir, en même temps, que personne, personne ne vous comprend !

KOULYGUINE *(soupirant).* Oui… Mais est-ce bien convenable qu'elle se donne en concert ?

Pause.

Moi, n'est-ce pas, mes amis, je n'en sais rien. Peut-être que ça sera très bien. Je dois reconnaître que notre directeur est un homme bien, un homme très bien même, le plus intelligent du monde, mais il a ses idées... Bien sûr, ça ne le regarde pas, mais tout de même, si vous voulez, ma foi, je vais peut-être lui en parler.

Tcheboutykine prend la pendule de porcelaine et l'examine.

VERCHININE. Dans l'incendie, je me suis tout sali, je me demande de quoi j'ai l'air.

Pause.

Hier, j'ai entendu dire qu'on voudrait, semble-t-il, transférer notre brigade quelque part loin d'ici. Pour les uns, ce serait la Pologne, pour les autres, semble-t-il, Tchita*.

TOUZENBACH. Moi aussi, j'ai entendu dire ça. Que voulez-vous ? La ville sera un vrai désert.

IRINA. Et nous, nous partirons !

TCHEBOUTYKINE *(il laisse tomber la pendule, qui se casse).* En mille morceaux !

Pause. Consternation et confusion générales.

KOULYGUINE *(ramassant les morceaux).* Casser un objet si précieux – oh, Ivan Romanytch, Ivan Romanytch ! Zéro de conduite, zéro pointé !

* Ville de Sibérie orientale, proche de la frontière chinoise, connue pour être la *ville des exilés* car de nombreux décembristes y furent relégués après le coup d'Etat manqué de 1825.

IRINA. La pendule de maman.

TCHEBOUTYKINE. Possible… De maman, donc de maman. Peut-être je ne l'ai pas cassée, c'est juste une impression, que je l'ai cassée. Peut-être c'est juste une impression, que nous existons, alors qu'en fait, nous ne sommes pas là du tout. Je ne sais rien, et personne ne sait rien. *(A la porte.)* Où avez-vous les yeux ? Natacha, elle a un petit roman avec Protopopov, et vous, vous ne voyez pas… Vous restez là, vous ne voyez rien, et Natacha, elle a un petit roman avec Protopopov… *(Il chante.)* "Ne voudriez-vous pas goûter de ce fruit-là* ?…" *(Il sort.)*

VERCHININE. Oui… *(Il rit.)* Comme tout cela est bizarre, au fond.

Pause.

Quand l'incendie a commencé, je me suis précipité chez moi. J'arrive, je regarde – notre maison est saine et sauve, hors de danger, mais mes deux petites filles sont sur le seuil, en chemise de nuit, leur mère n'est pas là, les gens s'agitent, les chevaux courent, les chiens aussi, et sur le visage de ces petites filles, l'inquiétude, l'horreur, l'imploration, comment dire ? Mon cœur s'est serré, quand j'ai vu ces visages. Mon Dieu, me suis-je dit, en auront-elles encore à endurer, ces petites filles, pendant

* Dans une lettre de janvier 1901, Tchekhov explique qu'il s'agit d'un extrait d'une opérette qu'il avait entendu à Saint-Pétersbourg et dont il a oublié le titre.

leur longue vie ! Je les prends, je cours, et je n'ai qu'une seule pensée : En auront-elles encore à endurer sur cette terre !

Tocsin ; pause.

Et là, j'arrive, et leur mère est ici, elle crie, elle est en colère.

Macha entre avec son oreiller et s'assied sur le divan.

Et comme mes petites filles étaient là sur le seuil, pieds nus, en chemise de nuit, dans cette rue rouge de feu, dans ce vacarme épouvantable, j'ai pensé que ça devait ressembler à ce qui arrivait autrefois, quand l'ennemi attaquait par surprise, et pillait, brûlait tout… Et pourtant, au fond, quelle différence entre ce qui est et ce qui a été ! Il s'écoulera encore un peu de temps, deux cents ou trois cents ans peut-être, et notre vie à nous, on la regardera avec crainte, avec ironie, et tout ce qui existe aujourd'hui paraîtra lourd, raboteux, malcommode, étrange. Oh, j'en suis sûr, quelle vie ce sera, quelle vie ! *(Il rit.)* Pardonnez-moi, je me suis remis à philosopher. Permettez-moi de continuer, mes amis. C'est fou ce que j'ai envie de philosopher, je suis d'humeur à ça en ce moment.

Pause.

A croire que tout le monde dort. Et donc, je disais : Quelle vie ce sera ! Vous pouvez seulement l'imaginer… Tenez, des gens comme vous, dans cette ville, à présent, il n'y en a que trois, dans les générations futures, ça sera un peu plus – et puis de plus en plus, et viendra le temps où tout changera selon vos souhaits, où l'on vivra selon vos souhaits, et vous, vous aurez vieilli, et des gens naîtront qui seront mieux que vous… *(Il rit.)* Aujourd'hui, je ne sais pas, je suis d'une humeur particulière. Une envie de vivre de tous les diables… *(Il chante.)* L'amour soumet jeunes et vieux, et ses élans sont bienheureux*… *(Il rit.)*

MACHA. Tra-dé-ri…

VERCHININE. Dé-ra…

MACHA. Tra-la-la ?

VERCHININE. Tra-la-la. *(Il rit.)*

Entre Fedotik.

FEDOTIK *(dansant).* J'ai brûlé ! J'ai brûlé ! Tout entier, du sol au grenier !

Rire.

IRINA. Il y a bien de quoi rire. Tout a brûlé ?

FEDOTIK *(il rit).* Tout, oui, tout, du sol au grenier ! Il ne reste plus rien. La guitare a brûlé, et les photos, elles ont brûlé, et toutes mes lettres… Je voulais vous offrir un petit carnet – il a brûlé aussi.

Entre Saliony.

* Extrait d'*Eugène Onéguine* repris dans l'opéra de Tchaïkovski.

IRINA. Non, s'il vous plaît, sortez, Vassili Vassilitch. On n'entre pas.

SALIONY. Pourquoi le baron entre-t-il, et moi pas ?

VERCHININE. Il faut y aller, c'est vrai. Où en est l'incendie ?

SALIONY. Il paraît que ça se calme. Oui, je trouve ça positivement bizarre, pourquoi le baron peut-il entrer, et moi pas ? *(Il sort un flacon de parfum et s'asperge.)*

VERCHININE. Tra-dé-ri…

MACHA. Dé-ra.

VERCHININE *(à Saliony, en riant)*. Allons dans la salle.

SALIONY. Bon, m'sieurs-dames, je me le note. Cette idée, on pourrait l'expliquer un petit peu mieux, mais j'ai peur d'agacer les dindons… *(Regardant Touzenbach.)* Ptit, ptit, ptit… *(Il sort avec Verchinine et Fedotik.)*

IRINA. Ce qu'il empeste, ce Saliony… *(Stupéfaite.)* Le baron dort ! Baron ! Baron !

TOUZENBACH *(se réveillant)*. Je suis fatigué, on a beau dire… La briqueterie… Non, je ne délire pas, c'est vrai, je pars bientôt pour la briqueterie, je vais commencer à travailler… Des pourparlers ont déjà eu lieu. *(A Irina, tendrement.)* Vous êtes si pâle, si belle, et séduisante… J'ai l'impression que votre pâleur éclaire l'air obscur, comme une lumière…

Vous êtes triste, mécontente de la vie… Oh, partons ensemble, partons travailler ensemble !

MACHA. Nikolaï Lvovitch, sortez d'ici.

TOUZENBACH *(riant)*. Vous êtes là ? Je ne vous vois pas. *(Il baise la main d'Irina.)* Adieu, j'y vais… Je vous regarde en ce moment, et, je me souviens, je vous revois, le jour de votre fête, ça fait longtemps déjà, vous étiez toute pleine de vie, joyeuse, et vous parliez du bonheur de travailler… Quelle vie heureuse je croyais entrevoir ! Et où est-elle ? *(Il lui baise la main.)* Vous avez les larmes aux yeux. Couchez-vous, le jour se lève déjà… c'est presque le matin… Si l'on me permettait de donner ma vie pour vous !

MACHA. Nikolaï Lvovitch, sortez ! C'est vrai, à la fin…

TOUZENBACH. Je sors… *(Il sort.)*

MACHA *(se couche)*. Tu dormais, Fiodor ?

KOULYGUINE. Hein ?

MACHA. Rentre à la maison.

KOULYGUINE. Ma chère Macha, ma bien-aimée Macha…

IRINA. Elle n'en peut plus, laisse-la se reposer, Fédia.

KOULYGUINE. Je m'en vais tout de suite… Ma gentille, ma brave petite femme… Je t'aime, mon unique à moi…

MACHA *(contrariée). Amo, amas, amat, amamus, amatis, amant !*

KOULYGUINE *(il rit).* Non, vraiment, elle est étonnante. Ça fait sept ans que je t'ai épousée, et j'ai l'impression de n'être marié que d'hier. Parole d'honneur. Non, vraiment, tu es une femme étonnante. Je suis content, content, content !

MACHA. J'en ai assez, assez, assez… *(Elle se redresse et parle, assise.)* Eh bien, non, je ne peux pas m'ôter ça de la tête… C'est tout simplement révoltant… Ça me reste planté comme un clou dans la tête, je ne peux pas me taire. Andreï, je veux dire… Il a hypothéqué cette maison, et c'est sa femme qui a pris tout l'argent – mais, la maison, elle n'était pas qu'à lui, elle était à nous quatre ! Il doit le savoir s'il est honnête !

KOULYGUINE. A quoi bon, Macha ? A quoi ça sert ? Andrioucha a des dettes partout, qu'il fasse ce qu'il veut.

MACHA. En tout cas, c'est révoltant. *(Elle se couche.)*

KOULYGUINE. Nous ne sommes pas pauvres, toi et moi. Je travaille, je vais au lycée, et après je donne des leçons… Je suis un homme honnête. Un homme simple… *Omnia mea mecum porto*, comme on dit*.

* Tout ce que j'ai, je le porte sur moi (autrement dit : savoir vaut mieux qu'avoir).

MACHA. Je n'ai besoin de rien, c'est l'injustice qui me révolte.

Pause.

Va-t'en, Fiodor.

KOULYGUINE *(il l'embrasse).* Tu es fatiguée, repose-toi une petite demi-heure, moi, je resterai là-bas, j'attendrai. Dors... *(Il commence à se retirer.)* Je suis content, content, content. *(Il sort.)*

IRINA. C'est vrai, ce qu'il est devenu mesquin et creux, notre Andreï, ce qu'il a vieilli à côté de cette femme ! Avant, il travaillait pour être professeur, et là, pas plus tard qu'hier, il se flattait d'être enfin membre du conseil du zemstvo. Il est membre du conseil, et Protopopov est président... Toute la ville en parle, en fait les gorges chaudes, et lui, il est le seul à ne rien voir, ne rien savoir... Tiens, pendant l'incendie, tout le monde se démenait, et, lui, il est resté chez lui, dans sa chambre, comme si de rien n'était. A jouer du violon. *(A bout de nerfs.)* Oh, c'est affreux, affreux, affreux ! *(Elle pleure.)* Je ne peux plus, je ne peux plus le supporter !... Je ne peux plus, je ne peux plus !...

Olga entre, fait du rangement près de sa petite table.

(Elle sanglote bruyamment.) Jetez-moi, jetez-moi, je ne peux plus !...

OLGA *(effrayée).* Qu'est-ce qui t'arrive ? Qu'est-ce qui t'arrive ? Ma chérie !

IRINA *(sanglotant)*. Mais où ? Tout est parti, mais où ? Où ça ? Oh, mon Dieu, mon Dieu ! J'ai tout oublié, oublié… tout s'est mélangé dans ma tête… Comment dit-on fenêtre ou plafond, tiens, en italien, je ne m'en souviens plus… J'oublie tout, j'oublie jour après jour, et la vie s'en va, jamais plus elle ne reviendra, et jamais, jamais nous ne partirons à Moscou… Je vois bien que nous ne partirons pas…

OLGA. Ma chérie, ma chérie…

IRINA *(se retenant)*. Oh, je suis malheureuse… Je ne peux pas travailler, moi – je ne travaillerai pas. Assez, assez ! J'étais télégraphiste, à présent je travaille au conseil municipal, et je déteste, je méprise tout ce qu'on me donne à faire… J'ai déjà vingt-quatre ans, il y a déjà longtemps que je travaille, et mon cerveau s'est desséché, j'ai maigri, enlaidi, vieilli, et rien, rien, pas la moindre satisfaction, et le temps s'en va, et toujours cette impression qu'on s'éloigne de la vraie vie, de la vie merveilleuse, qu'on s'en éloigne, de plus en plus, pour s'en aller vers une espèce de gouffre ! Je suis désespérée, désespérée ! Comment suis-je encore en vie, comment ne me suis-je pas encore suicidée, je ne comprends pas…

OLGA. Ne pleure pas, ma petite fille, ne pleure pas… J'ai mal.

IRINA. Je ne pleure pas, je ne pleure pas… Ça suffit… Bon, voilà, je ne pleure plus. Ça suffit… Ça suffit !

OLGA. Ma chérie, je te le dis en sœur, en amie, si tu veux un conseil, marie-toi avec le baron !

Irina pleure doucement.

Après tout, tu le respectes, tu l'estimes sincèrement… C'est vrai qu'il n'est pas beau, mais il est si honnête, si pur… On ne se marie pas par amour, n'est-ce pas, mais pour accomplir son devoir, simplement. Moi, du moins, c'est ce que je pense, et je me marierais même sans amour. Le premier qui me demanderait, je l'épouserais, peu importe, pourvu que ce soit quelqu'un d'honnête. Même un vieil homme, je l'épouserais…

IRINA. J'attendais toujours – on s'installe à Moscou, là-bas, je rencontre mon vrai, mon seul… je rêvais de lui, je l'aimais… Et ça n'était que bêtises, que bêtises…

OLGA *(prenant sa sœur dans ses bras).* Mon adorée, ma sœur merveilleuse, je comprends tout ; quand le baron Nikolaï Lvovitch a quitté l'armée et qu'il est venu nous voir en complet-veston, je l'ai trouvé tellement laid que j'en ai pleuré… Il m'a demandé : "Mais pourquoi pleurez-vous ?" Comment le lui dire ? Mais si Dieu voulait faire qu'il t'épouse, alors je serais heureuse. Il s'agit d'autre chose, tout à fait autre chose.

Natacha, une bougie à la main, entre par la porte de droite, traverse la scène et sort par la porte de gauche, en silence.

MACHA *(s'asseyant).* Elle marche comme si c'était elle qui avait mis le feu.

OLGA. Macha, tu es bête. La plus bête de notre famille, c'est toi. Excuse-moi, je te prie.

Pause.

MACHA. J'ai besoin de me confesser, mes sœurs chéries. Ça me ronge le cœur. Je vais vous faire ma confession, et puis – à plus personne, jamais… Voilà, je le dis. *(A voix basse.)* C'est mon secret, mais vous devez tout savoir… Je ne peux pas me taire…

Pause.

J'aime, j'aime… J'aime cet homme… Vous venez de le voir… Enfin, bon, oui… En un mot, j'aime Verchinine…

OLGA *(se retirant derrière son paravent).* Laisse. De toute façon, je n'entends pas.

MACHA. Que faire ! *(Elle se prend la tête dans les mains.)* Au début, il m'a semblé étrange, après, je l'ai plaint… après, je l'ai aimé… je l'ai aimé, avec sa voix, ses paroles, et ses malheurs, et ses deux petites filles…

OLGA *(derrière son paravent).* Je n'entends pas, peu importe. Tu peux dire autant de bêtises que tu veux, peu importe, je n'entends pas.

MACHA. Tu es drôle, toi, Olia. J'aime – c'était mon destin, voilà tout. Voilà, c'était le sort qui m'attendait… Et lui aussi, il m'aime… Tout cela est effrayant. Oui. Ça n'est pas bien, n'est-ce pas ? *(Elle tire Irina par le bras, l'attire à elle.)* Oh, ma chérie…

Comment vivrons-nous notre vie, qu'en sera-t-il de nous ?… Quand on lit un roman, on a l'impression que tout ça, c'est vieux, et que tout est si facile à comprendre, mais quand c'est toi qui aimes, alors tu vois que personne ne sait rien, et que chacun doit décider tout seul… Mes chéries, mes sœurs… Je vous ai tout avoué, à présent, je me tais… A présent, je serai comme le fou de Gogol… Silence, silence*…

Entre Andreï suivi de Féraponte.

ANDREÏ *(en colère).* Qu'est-ce que tu veux ? Je ne comprends pas.

FÉRAPONTE *(à la porte, avec impatience).* Dix fois que je vous le dis, Andreï Sergueïtch.

ANDREÏ. Premièrement je ne suis pas Andreï Sergueïtch, je suis Votre Excellence.

FÉRAPONTE. Les pompiers, Votre Essélence, y demandent si vous permettrez pas qu'y vont à la rivière par votre jardin. Sans quoi, y sont à faire le tour, le grand tour – la croix et la bannière, que c'est.

ANDREÏ. Oui, bon. Dis-leur que oui.

Féraponte sort.

J'en ai assez. Où est Olga ?

Olga apparaît derrière le paravent.

Je te cherchais, donne-moi la clé de l'armoire, j'ai perdu la mienne. Tu as une petite clé à toi.

* Citation du *Journal d'un fou.*

Olga lui tend la clé sans dire mot. Irina se retire derrière son paravent ; pause.

Quel incendie gigantesque ! Ça commence à se calmer, à présent ! Par le diable, il m'a mis hors de moi, ce Féraponte, je lui ai dit une bêtise... Votre Excellence...

Pause.

Pourquoi ne dis-tu rien, Olia ?

Pause.

Il est grand temps de laisser ces bêtises, on ne boude pas comme ça, sans rime ni raison. Vous êtes là, toi, Macha, et toi, Irina – tant mieux : expliquons-nous à cœur ouvert, une bonne fois pour toutes. Qu'est-ce que vous avez contre moi ? Hein ?

OLGA. Laisse, Andrioucha. Nous nous expliquerons demain. *(Emue.)* Quelle nuit atroce !

ANDREÏ *(très gêné).* Ne sois pas si nerveuse. Je vous le demande, la tête parfaitement froide : qu'est-ce que vous avez contre moi ? Dites-le franchement.

VOIX DE VERCHININE. Tra-dé-ri...

MACHA *(se levant ; d'une voix sonore).* Tra-la-la ! *(A Olga.)* Adieu, Olga, Dieu te garde. *(Elle passe derrière le paravent, embrasse Irina.)* Dors bien... Adieu, Andreï. Va-t'en, elles n'en peuvent plus... tu t'expliqueras demain... *(Elle sort.)*

OLGA. C'est vrai, Andrioucha, attendons à demain... *(Elle se retire derrière son paravent.)* Il est temps de dormir.

ANDREÏ. Je le dis, simplement, et je m'en vais. Tout de suite… Premièrement, vous en voulez à Natacha, ma femme, c'est une chose que j'ai remarquée depuis le jour de mon mariage. Si vous tenez à le savoir, Natacha est un être extraordinaire, droit, franc et noble – voilà mon opinion. Ma femme, je l'aime et je la respecte – vous comprenez, je la respecte, et j'exige que les autres la respectent aussi. Je le répète, c'est un être droit et noble, et tous vos petits mécontentements, pardonnez-moi, ce sont des caprices, rien de plus.

Pause.

Deuxièmement, on dirait que vous m'en voulez de ne pas être professeur, de ne pas me vouer à la science. Mais je travaille au zemstvo, je suis membre du conseil du zemstvo, et cet office, je le considère comme aussi noble et sacré que le travail scientifique. Je suis membre du conseil du zemstvo, et j'en suis fier, si vous tenez à le savoir…

Pause.

Troisièmement… J'ai encore quelque chose à dire… J'ai hypothéqué la maison sans vous demander votre autorisation… En cela, je suis coupable, c'est vrai, et je vous en demande pardon. Ce sont mes dettes qui m'y ont contraint… trente-cinq mille… Je ne touche plus aux cartes, j'ai laissé ça depuis longtemps, mais l'essentiel, tout ce que je peux dire pour me justifier, c'est que vous, les filles, vous recevez une pension, alors que moi, je n'avais pas, comment dire ?… de salaire…

Pause.

KOULYGUINE *(par la porte)*. Macha n'est pas là ? *(Inquiet.)* Mais où est-elle ? C'est bizarre... *(Il sort.)*

ANDREÏ. Elles n'écoutent pas. Natacha est un être admirable, un être droit. *(Il marche le long de la scène, en silence, puis s'arrête.)* Quand je me suis marié, je croyais que nous serions heureux... tous heureux... Mais, mon Dieu... *(Il pleure.)* Mes sœurs bien-aimées, mes chères sœurs, ne me croyez pas, ne me croyez pas... *(Il sort.)*

KOULYGUINE *(par la porte, d'une voix inquiète)*. Où est Macha ? Macha n'est pas là ? C'est bien étonnant. *(Il sort.)*

Tocsin ; la scène est vide.

IRINA *(derrière son paravent)*. Olia ! Qui est-ce qui cogne au plancher ?

OLGA. C'est le docteur, c'est Ivan Romanytch. Il est soûl.

IRINA. Quelle nuit d'angoisse !

Pause.

(Elle se montre derrière son paravent.) Tu as entendu ? On nous prend la brigade, on la transfère au loin, ailleurs.

OLGA. Ce ne sont que des bruits.

IRINA. Nous resterons toutes seules, alors... Olia !

OLGA. Oui ?

IRINA. Ma gentille, ma chérie, je respecte, j'estime le baron, c'est un homme remarquable, je me marierai avec lui, j'y consens, mais partons à Moscou ! Je t'en supplie, partons ! Moscou, c'est ce qu'il y a de mieux au monde ! Partons, Olia ! Partons !

Rideau.

ACTE IV

Le vieux parc devant la maison des Prozorov. Une longue allée de sapins, au bout de laquelle on aperçoit la rivière. Sur l'autre rive – un bois. A droite, la terrasse de la maison ; là, sur une table, des bouteilles et des verres ; on voit qu'on vient de boire du champagne. Midi. Traversant le parc, quelques passants vont de la rue à la rivière ; cinq ou six soldats passent rapidement.

Tcheboutykine, plein d'une bonne humeur dont il ne se départira pas de toute la durée de l'acte, est assis dans un fauteuil, dans le parc, attendant qu'on l'appelle ; il a une casquette et une canne. Irina, Koulyguine (qui a rasé sa moustache et arbore une décoration) et Touzenbach se tiennent sur la terrasse pour faire leurs adieux à Fedotik et à Rodé qui descendent les marches ; les deux officiers sont en uniforme de campagne.

TOUZENBACH *(embrassant Fedotik).* Vous êtes gentil, nous nous entendions si bien. *(Il embrasse Rodé.)* Encore une fois… Adieu, mon vieux !

IRINA. Au revoir !

FEDOTIK. Pas au revoir, adieu, nous ne nous reverrons plus jamais.

KOULYGUINE. Qui sait ! *(Il s'essuie les yeux, sourit.)* Moi aussi, je pleure.

IRINA. Nous nous retrouverons un jour ou l'autre.

FEDOTIK. Dans dix, quinze ans ? Mais, à ce moment-là, c'est à peine si nous nous reconnaîtrons, et nous nous saluerons avec froideur… *(Il prend une photo.)* Ne bougez plus… Une petite dernière.

RODÉ *(embrassant Touzenbach)*. Nous ne nous reverrons plus… *(Il baise la main d'Irina.)* Merci pour tout, pour tout !

FEDOTIK *(avec dépit)*. Mais attends !

TOUZENBACH. Nous nous reverrons, si Dieu veut. Ecrivez-nous. Ecrivez-nous, n'y manquez pas.

RODÉ *(parcourant le parc du regard)*. Atieu, les arpres ! *(Il crie.)* Hop, hop !

Pause.

Atieu, l'écho !

KOULYGUINE. Vous seriez bien capable de vous marier, là-bas, en Pologne… Votre femme polonaise vous prendra dans ses bras et vous dira : "*Kochané* * *!*"

FEDOTIK *(regardant sa montre)*. Il reste moins d'une heure. De notre batterie, il n'y a que Saliony

* "Mon bien-aimé", en polonais.

qui descendra en bateau ; nous, nous suivons l'infanterie. Aujourd'hui, trois batteries vont partir en formation divisionnaire, demain trois autres – après quoi le silence et la paix s'instaureront dans la ville.

TOUZENBACH. Et un ennui mortel.

RODÉ. Et où est-elle, Maria Sergueïevna ?

KOULYGUINE. Macha est dans le parc.

FEDOTIK. C'est pour lui faire nos adieux.

RODÉ. Atieu, il faut partir, ou che fais me mettre à pleurer... *(Il étreint à la hâte Touzenbach et Koulyguine, baise la main d'Irina.)* C'était la pelle fie, ici...

FEDOTIK *(à Koulyguine)*. Un souvenir pour vous : un petit carnet et un petit crayon... On va passer par là vers la rivière...

Ils font quelques pas, se retournent tous les deux.

RODÉ *(criant)*. Hop, hop !

KOULYGUINE *(criant)*. Adieu !

Au fond de la scène, Fedotik et Rodé rencontrent Macha et lui font leurs adieux ; elle s'éloigne avec eux.

IRINA. Ils sont partis... *(Elle s'assied sur la dernière marche de la terrasse.)*

TCHEBOUTYKINE. Moi, ils ont oublié de me dire au revoir.

IRINA. Et vous ?

TCHEBOUTYKINE. Moi, je ne sais pas, j'ai oublié aussi. Remarquez, je vais les retrouver bientôt : je m'en vais demain. Oui… Moi, j'ai encore un jour. Dans un an, je serai à la retraite, je reviendrai ici, et je finirai ma vie auprès de vous. Plus qu'une petite année avant la retraite… *(Il met un journal dans sa poche, en sort un autre.)* Je reviendrai chez vous, et je changerai de vie radicalement. Je serai tout tranquille, vous comprenez… bien… bienséant, poli et tout…

IRINA. C'est vrai que vous devriez changer de vie, mon bon ami. Il faudrait, d'une façon ou d'une autre.

TCHEBOUTYKINE. Oui. Je sens ça. *(Il chantonne doucement.)* Tarara boum bié, Tamara m'oumbliait*…

KOULYGUINE. Incorrigible, Ivan Romanytch ! Incorrigible !

TCHEBOUTYKINE. Faudrait que je fasse mes classes chez vous. Là, je me corrigerais.

IRINA. Fiodor s'est rasé la moustache. Je ne peux pas voir ça !

KOULYGUINE. Pourquoi ?

* Parodie d'un air de french-cancan. Tout le sens réside dans une rime absurde : *Tarara-boumbia, sijou na toumbe ia*, autrement dit : "Je suis assis sur une borne…" La suite de la chanson dit : "Et je pleure amèrement / De signifier si peu de chose."

TCHEBOUTYKINE. Je dirais bien à quoi me fait penser votre physionomie maintenant, mais je ne peux pas.

KOULYGUINE. Que voulez-vous ! C'est la coutume, c'est le modus vivendi ! Notre directeur s'est rasé la moustache, et moi de même, une fois devenu inspecteur, je l'ai rasée. Ça ne plaît à personne, mais moi, peu m'importe. Je suis content. Avec moustache ou sans moustache, je suis content pareil…

Il s'assied.
Au fond de la scène, Andreï promène dans une voiture d'enfant un bébé qui dort.

IRINA. Ivan Romanytch, mon cher, mon bon Ivan Romanytch, je suis terriblement inquiète. Hier, vous étiez sur le boulevard, dites-moi, que s'est-il donc passé là-bas ?

TCHEBOUTYKINE. Ce qui s'est passé ? Rien. Broutille. *(Il lit son journal.)* Pas d'importance.

KOULYGUINE. Eh bien, à ce qu'on dit, Saliony et le baron se seraient croisés, hier, sur le boulevard, à côté du théâtre…

TOUZENBACH. Arrêtez ! C'est vrai, à la fin…

Il fait un grand geste de la main et rentre dans la maison.

KOULYGUINE. A côté du théâtre… Saliony a cherché querelle au baron, et lui, il a perdu patience, il lui a dit quelque chose de vexant…

TCHEBOUTYKINE. Je n'en sais rien. Pataquès, tout ça.

KOULYGUINE. Dans un séminaire, je ne sais plus où, un professeur avait écrit "pataquès" sur la copie d'un élève, et l'élève, il lui a demandé : "Pourquoi ça, pas ma caisse* ?" *(Il rit.)* Etonnant ce que c'est drôle. Saliony, à ce qu'on dit, serait amoureux d'Irina et, soi-disant, il aurait pris le baron en grippe… Ça se comprend. Irina est une jeune fille très bien. Elle ressemble même à Macha, aussi pensive. Seulement toi, Irina, tu as un caractère plus doux. Même si Macha aussi, bien sûr, elle a un très bon caractère. Je l'aime, Macha.

Au fond de la scène, en coulisses : "Ohé ! Hop, hop !"

IRINA *(sursautant)*. Je ne sais pas, mais tout me fait peur aujourd'hui.

Pause.

J'ai déjà tout préparé, je fais partir mes bagages cet après-midi. Je me marie avec le baron demain, dès demain, nous partons à la briqueterie et, après-demain, ça y est, je suis dans mon école, une vie nouvelle commence. Que Dieu me vienne en aide ! Quand j'ai été reçue à l'examen d'institutrice, j'en ai pleuré de joie, de bonheur…

Pause.

Le fourgon doit arriver pour les bagages…

* Koulyguine explique qu'un professeur avait écrit *"tchepouc'ha"* (sottises), en écriture cyrillique, ce que l'élève, croyant déchiffrer du latin, avait lu "renixa" (mot qui ne signifie rien).

KOULYGUINE. C'est bien beau, tout ça, mais, comment dire ? ça manque de sérieux. Des idées, des idées, mais, de sérieux, pas un sou. Enfin, tous mes vœux.

TCHEBOUTYKINE *(ému)*. Ma belle, ma gentille... Ma toute en or... Vous avez fait du chemin, on ne vous rattrapera plus. Moi, je suis resté en arrière, comme un vieil oiseau migrateur qui ne peut plus voler. Volez, mes bien-aimées, volez, Dieu vous bénisse !

Pause.

Vous avez eu tort, Fiodor Ilitch, de vous raser la moustache.

KOULYGUINE. Oh, vous alors ! *(Il soupire.)* Voilà, aujourd'hui, les soldats vont partir, tout va redevenir comme avant. Malgré tout ce qu'on peut dire ici ou là, Macha est une femme bien, une femme honnête, je l'aime beaucoup et je bénis ma destinée. La destinée, chacun la sienne... Ici, aux contributions indirectes, il y a un certain Kozyriov. Il a fait ses études avec moi, on l'a chassé du lycée en seconde, parce qu'il n'arrivait pas à comprendre le *ut* de conséquence. A présent, il tire le diable par la queue, il est malade, et quand je le rencontre, je lui dis : "Salut, *ut* de conséquence." Oui, il me dit, c'est bien ça, de conséquence... et il tousse. Moi, toute ma vie, j'ai eu de la chance, je suis heureux, je suis même décoré du Stanislav de deuxième classe*, et, à présent, c'est moi qui enseigne le *ut* de conséquence

* Avant-dernière décoration dans l'ordre impérial.

aux autres. Bien sûr, je suis un homme intelligent, plus intelligent que beaucoup, mais là n'est pas le bonheur…

A l'intérieur de la maison, on joue au piano la Prière d'une vierge*.

IRINA. Dire que demain soir, je n'entendrai plus cette *Prière d'une vierge*, je ne croiserai plus Protopopov…

Pause.

Et Protopopov, qui reste, là-bas, au salon ; même aujourd'hui, il est venu…

KOULYGUINE. La directrice n'est toujours pas arrivée ?

Au fond de la scène, Macha passe sans bruit, se promenant.

IRINA. Non. On l'a envoyé chercher. Si vous pouviez savoir à quel point j'ai du mal à vivre ici toute seule, sans Olia… Elle habite au lycée ; elle est directrice, elle est occupée toute la journée, et moi, je suis toute seule, je m'ennuie, je n'ai rien à faire, et je déteste la chambre dans laquelle je suis… Alors, voilà ce que j'ai décidé : il ne m'est pas donné de vivre à Moscou ? Eh bien, amen. C'est la destinée. On ne peut pas aller contre… Nous sommes tous dans la main de Dieu, c'est vrai. Nikolaï Lvovitch

* Pièce pour piano d'une compositrice polonaise alors à la mode, la *Prière d'une vierge* était un morceau souvent joué par les débutants.

m'a demandée en mariage… Ma foi… J'ai réfléchi, j'ai pris ma décision. C'est un homme bon, étonnant même de bonté… Et moi, tout à coup, c'était comme si mon âme avait des ailes, je suis devenue plus gaie, je me suis sentie légère, et, de nouveau, j'ai eu envie de travailler, de travailler. Seulement, hier, il s'est passé quelque chose, une sorte de mystère est suspendu sur ma tête…

TCHEBOUTYKINE. Pas ma caisse. N'importe quoi.

NATACHA *(par la fenêtre).* La directrice !

KOULYGUINE. La directrice est arrivée. Allons-y. *(Il rentre dans la maison, avec Irina.)*

TCHEBOUTYKINE *(lisant son journal et chantonnant doucement).* Tamara… boum bié… m'a flanqué mon billet…

Macha s'approche ; au loin, Andreï passe, poussant un landau.

MACHA. Et lui, là, il reste assis, il se tourne les pouces…

TCHEBOUTYKINE. Et quoi ?

MACHA *(elle s'assied).* Rien…

Pause.

Ma mère, vous l'aimiez ?

TCHEBOUTYKINE. Beaucoup.

MACHA. Et elle ?

TCHEBOUTYKINE *(après une pause)*. Ça, je ne m'en souviens plus.

MACHA. Il est là, mon mien ? Un jour, notre cuisinière, Marfa, elle nous a dit, en parlant de son gendarme : mon mien. Il est là, mon mien ?

TCHEBOUTYKINE. Pas encore.

MACHA. Quand on prend le bonheur par bribes, par petits bouts, et puis qu'on le perd, comme moi, peu à peu, on devient plus grossière, on devient méchante. *(Elle montre sa poitrine.)* Ça bouillonne, là, en moi... *(Regardant son frère Andreï qui passe avec le landau.)* Andreï, tenez, le petit frère... Tous les espoirs se sont envolés. Des milliers de gens qui hissaient la grande cloche de l'église, tant d'argent, tant de travail dépensé, et elle, d'un coup, elle tombe et elle se casse. D'un coup, sans raison. Andreï, c'est la même chose...

ANDREÏ. Ça ne finira pas bientôt dans la maison ? Ce bruit !

TCHEBOUTYKINE. Si, bientôt. *(Il regarde sa montre, la remonte. La montre sonne.)* Ma montre, c'est une montre ancienne, avec sonnerie... La première, la deuxième et la cinquième batterie partent à une heure pile.

Pause.

Et moi, demain.

ANDREÏ. Pour toujours.

TCHEBOUTYKINE. Je ne sais pas. Peut-être que je reviendrai dans un an. Qui sait ? n'empêche… Pas d'importance…

On entend, au loin, jouer de la harpe et du violon.

ANDREÏ. Elle va se vider, la ville. Elle sera comme sous un éteignoir.

Pause.

Il s'est passé quelque chose, hier, à côté du théâtre ; tout le monde en parle, et moi, je ne sais rien.

TCHEBOUTYKINE. Rien. Des bêtises. Saliony a cherché querelle au baron, le baron s'est énervé, il l'a injurié, tant et si bien qu'en fin de compte, Saliony s'est trouvé obligé de le provoquer en duel. *(Il regarde sa montre.)* C'est déjà l'heure, on dirait… A midi et demi, dans le bois de la commune, celui qu'on voit, là-bas, sur l'autre rive… Pan ! pan ! *(Il rit.)* Saliony se prend pour Lermontov, il écrit même des vers. C'est bien joli, tout ça, mais il en est déjà à son troisième duel.

MACHA. Qui ça ?

TCHEBOUTYKINE. Saliony.

MACHA. Et le baron ?

TCHEBOUTYKINE. Quoi, le baron ?

Pause.

MACHA. Tout se mélange dans ma tête… Quand même, je répète, il ne faut pas les laisser faire. Il pourrait blesser le baron, ou même le tuer.

TCHEBOUTYKINE. Le baron, c'est un homme très bien, mais un baron de plus ou de moins – quelle importance ? Bah ! Aucune importance !

Du fond du jardin, un cri : "Ohé ! Hop ! Hop !"

Tu attendras. C'est Skvortsov qui crie, le témoin. Il est dans la barque, à attendre.

Pause.

ANDREÏ. A mon avis, participer à un duel, ou y assister, ne serait-ce qu'en tant que médecin, c'est simplement immoral.

TCHEBOUTYKINE. C'est juste une impression… Il n'y a rien en ce monde, nous ne sommes pas là, nous n'existons pas, c'est juste une impression, que nous existons… D'ailleurs, quelle importance ?

MACHA. Et c'est comme ça, toute la journée, ils parlent, ils parlent. *(Elle s'éloigne.)* Un climat pareil, il peut se mettre à neiger, comme ça, sans crier gare, et eux, en plus, il faut qu'ils déblatèrent… *(Elle s'arrête.)* Je n'entrerai pas dans la maison, je ne peux plus y mettre les pieds… Quand Verchinine sera là, vous me préviendrez… *(Elle s'engage dans l'allée.)* Les oiseaux migrateurs s'en vont déjà… *(Elle regarde vers le ciel.)* Des cygnes, ou des oies… Mes bien-aimés, mes bienheureux…

Elle sort.

ANDREÏ. Elle va se vider, notre maison. Les officiers vont partir, vous, vous allez partir aussi, ma sœur va se marier, et moi, je vais rester seul à la maison.

TCHEBOUTYKINE. Et ta femme ?

Féraponte entre avec des papiers.

ANDREÏ. Ma femme, c'est ma femme. Elle est honnête, elle est bien, enfin, bonne, mais, en même temps, il y a quelque chose en elle qui la rabaisse au rang d'un animal mesquin, aveugle, comme un peu rêche. En tout cas, ça n'est pas un être humain. Je vous le dis comme à un ami, le seul à qui je puisse ouvrir mon cœur. J'aime Natacha, c'est vrai, mais, quelquefois, elle me paraît étonnamment vulgaire, et, dans ces moments-là, je perds pied, je ne comprends plus pourquoi je l'aime si fort, ou, du moins, pourquoi je l'ai aimée…

TCHEBOUTYKINE *(se levant).* Moi, mon vieux, je m'en vais demain, nous ne nous reverrons plus, alors, voilà le conseil que je te donne. Ecoute, mets ton chapeau, prends ton bâton, et va-t'en… Va-t'en et marche, marche sans te retourner. Plus loin tu iras, mieux ça vaudra.

Saliony, en compagnie de deux officiers, passe au fond de la scène ; apercevant Tcheboutykine, il se tourne vers lui ; les officiers continuent leur chemin.

SALIONY. Docteur, c'est l'heure ! Déjà midi et demi. *(Il salue Andreï.)*

TCHEBOUTYKINE. J'arrive. J'en ai assez, de vous tous. *(A Andreï.)* Si on me demande, Andrioucha, dis que je reviens tout de suite… *(Il soupire.)* Ho aïe aïe !

SALIONY. A peine avait-il pu dire ouf que l'ours, assis sur lui, l'étouffe. *(Il s'éloigne avec lui.)* Pourquoi geignez-vous, vieillard ?

TCHEBOUTYKINE. Bah !

SALIONY. Comment va la santé ?

TCHEBOUTYKINE *(rageur).* Une forme à tout péter.

SALIONY. En vain s'alarme le vieillard. Je ne lui ferai pas grand mal, juste le tirer comme une bécasse. *(Il sort du parfum et s'asperge les mains.)* Voilà, aujourd'hui, j'en ai versé tout un flacon, et elles sentent toujours. Les miennes, elles sentent le cadavre.

Pause.

Mmouais… Vous vous souvenez du poème ? Et c'est l'orage qu'elle appelle, rebelle pour trouver la paix*…

TCHEBOUTYKINE. Oui. A peine avait-il pu dire ouf que l'ours, assis sur lui, l'étouffe. *(Il sort avec Saliony.)*

On entend des cris : "Ohé ! Hop ! Hop !" Entrent Andreï et Féraponte.

* Les deux derniers vers d'un des poèmes les plus célèbres de Lermontov, *La Voile blanche solitaire…* (1832).

FÉRAPONTE. Et les papiers qu'y faut signer...

ANDREÏ *(avec nervosité).* Laisse-moi tranquille ! Laisse-moi ! Je t'en supplie ! *(Il s'en va en poussant le landau.)*

FÉRAPONTE. Les papiers, c'est fait pour qu'on les signe.

Il s'en va vers le fond de la scène.
Entrent Irina et Touzenbach, en canotier. Koulyguine traverse la scène en criant : "Ohé, Macha, ohé !"

TOUZENBACH. Je crois qu'il est le seul de cette ville à être heureux que les militaires s'en aillent.

IRINA. On le comprend.

Pause.

Notre ville sera déserte, à présent.

TOUZENBACH. Ma chérie, je reviens tout de suite.

IRINA. Où vas-tu ?

TOUZENBACH. Il faut que j'aille en ville, pour... pour dire adieu à mes amis.

IRINA. Ce n'est pas vrai... Nikolaï, pourquoi es-tu si distrait aujourd'hui ?

Pause.

Que s'est-il passé, hier, à côté du théâtre ?

TOUZENBACH *(geste d'impatience).* Je reviendrai dans une heure, et je serai de nouveau avec toi.

(Il lui baise les mains.) Mon adorée… *(Il scrute son visage.)* Cinq ans déjà que je suis amoureux de toi, et je n'arrive toujours pas à m'habituer, tu me sembles toujours plus belle. Quels cheveux magnifiques, splendides ! Quels yeux ! Je t'emmènerai demain, nous travaillerons, nous serons riches, mes rêves ressusciteront. Tu seras heureuse. Il n'y a qu'une chose, une seule chose : tu ne m'aimes pas !

IRINA. Ce n'est pas en mon pouvoir ! Je serai ton épouse, fidèle, soumise, mais l'amour n'est pas là – que faire ! *(Elle pleure.)* Je n'ai jamais aimé de ma vie. Oh, comme je rêvais d'amour, j'en rêve depuis si longtemps, jour et nuit, mais mon âme est comme un piano précieux qui serait fermé à clé, et la clé est perdue.

Pause.

Tu as un regard inquiet.

TOUZENBACH. Je n'ai pas dormi de la nuit. Dans ma vie, il n'y a rien de si terrible que j'en aie peur, et seule cette clé perdue me déchire le cœur et m'ôte le sommeil. Dis-moi quelque chose.

Pause.

Dis-moi quelque chose…

IRINA. Quoi donc ? Quoi donc ? Autour, tout est si mystérieux, les vieux arbres se dressent là, ils se taisent… *(Elle pose la tête sur sa poitrine.)*

TOUZENBACH. Dis-moi quelque chose.

IRINA. Mais quoi ? Te dire quoi ? Quoi donc ?

TOUZENBACH. Quelque chose.

IRINA. Assez ! Assez !

Pause.

TOUZENBACH. Quelles broutilles, quels détails idiots se mettent parfois à prendre de l'importance dans la vie, tout d'un coup, sans raison ? On se moque de ça, comme on l'a toujours fait, on sait que ce sont des broutilles, et, malgré tout, on avance, et l'on sent bien que l'on n'a plus la force de s'arrêter. Oh, laissons ça ! Je me sens gai. A croire que c'est la première fois de ma vie que je vois ces sapins, ces érables, ces bouleaux, et tout cela m'observe avec curiosité, et attend. Quels beaux arbres, et, finalement, comme il doit faire bon vivre auprès d'eux !

Un cri : "Ohé ! Hop, hop !"

Il faut que j'y aille, c'est déjà l'heure… Regarde, cet arbre s'est desséché, mais il se balance toujours, avec les autres, dans le vent. Ainsi, j'ai l'impression que, même si je meurs, je continuerai pourtant de participer à la vie, d'une façon ou d'une autre. Adieu, ma chérie… *(Il lui baise les mains.)* Tes papiers, ceux que tu m'as donnés, ils sont sur mon bureau, sous le calendrier.

IRINA. Je vais avec toi.

TOUZENBACH *(d'une voix inquiète)*. Non, non ! *(Il s'éloigne rapidement ; arrivé au début de l'allée, il s'arrête.)* Irina !

IRINA. Quoi ?

TOUZENBACH *(ne sachant que dire).* Je n'ai pas pris mon café, aujourd'hui. Tu diras qu'on m'en fasse… *(Il sort rapidement.)*

Irina reste songeuse, puis se dirige vers le fond de la scène et s'assied sur la balançoire. Andreï entre, poussant le landau ; Féraponte apparaît.

FÉRAPONTE. Andreï Sergueïtch, ils sont pas à moi, les papiers, ils sont à la commune. C'est pas moi qui les a inventés.

ANDREÏ. Oh, où est-il, où s'est-il enfui, mon passé, le temps où j'étais jeune, joyeux, intelligent, où mes rêves et mes pensées avaient de la grâce, où le présent et l'avenir étaient illuminés d'espoir ? Pourquoi, à peine avons-nous commencé de vivre, sommes-nous déjà ennuyeux, gris, sans intérêt, paresseux, indifférents, inutiles, malheureux… Notre ville existe depuis deux cents ans, elle compte cent mille habitants, et personne ici qui se distingue en rien des autres, pas un seul homme d'action, ni dans le passé ni dans le présent, pas un savant, pas un artiste, pas un seul homme un tant soit peu remarquable qui puisse éveiller la jalousie ou le désir passionné de l'imiter. Qu'est-ce qu'ils font ? Ils mangent, ils boivent, ils dorment, et ils meurent… d'autres naissent – ils mangent aussi, ils boivent, ils dorment, et, pour ne pas trop s'abrutir d'ennui, ils s'agrémentent la vie grâce à leurs sales ragots, à la vodka, aux cartes, à la chicane, les femmes trompent leurs maris, les maris mentent, ils font semblant de ne rien voir, de ne rien entendre, un climat d'insondable mesquinerie écrase les enfants, et l'étincelle divine s'éteint en eux, et ils deviennent des cadavres, tous aussi pitoyables, aussi pareils entre eux que leur père et leur mère… *(A Féraponte, en colère.)* Qu'est-ce que tu veux ?

FÉRAPONTE. Quoi ? Les papiers qu'y faut signer.

ANDREÏ. J'en ai assez de toi.

FÉRAPONTE *(tendant les papiers)*. Au bureau des finances communales, le portier, là, tout de suite, il disait… Cet hiver, il disait, à Petersbourg, il a fait moins deux cents.

ANDREÏ. Le présent est immonde, mais quand je pense à l'avenir, par contre, comme tout est beau ! Tout devient si léger, si vaste ; au loin, une petite lumière s'allume, je vois la liberté, je nous vois, mes enfants et moi, libérés de l'oisiveté, du kvas, de l'oie au chou, de la sieste digestive, de la veulerie, et de la paresse.

FÉRAPONTE. Y a eu deux mille morts, à ce qu'y tparaît. Les gens, y disait, ils étaient dans l'effroi. A Petersbourg, ou à Moscou, peut-être bien, je me souviens plus.

ANDREÏ *(saisi d'un élan de tendresse)*. Mes sœurs chéries, mes merveilleuses sœurs ! *(Au bord des larmes.)* Macha, ma sœur…

NATACHA *(par la fenêtre).* Qui est-ce qui parle si fort, ici ? C'est toi, Andrioucha ? Tu vas réveiller Sofotchka. *Il ne faut pas faire du bruit, la Sophie est dormée déjà. Vous êtes un ours**. *(En colère.)* Si tu as envie de parler, laisse le landau du bébé à quelqu'un d'autre. Féraponte, prends le landau à monsieur.

FÉRAPONTE. A vos ordres. *(Il prend le landau.)*

ANDREÏ *(confus).* Je ne parle pas fort.

NATACHA *(à la fenêtre, cajolant son petit garçon).* Bobik ! Vilain, Bobik ! Coquin, Bobik !

ANDREÏ *(jetant un coup d'œil aux papiers).* Bon, je vais voir, je te signerai ce qu'il faut et tu rapporteras ça au conseil. *(Il entre dans la maison tout en lisant les papiers ; Féraponte pousse le landau.)*

NATACHA *(à la fenêtre).* Bobik, comment elle s'appelle, maman ? Mon trésor, mon trésor ! Et ça, qui c'est ? C'est tata Olia. Allez, dis à tata : Bonjour, Olia !

Des musiciens ambulants, un homme et une jeune fille, jouent du violon et de la harpe ; Verchinine, Olga et Anfissa sortent de la maison ; pendant un certain temps, ils écoutent en silence ; Irina s'approche.

* En français dans le texte.

OLGA. Notre jardin est un vrai passage public, on s'y promène à pied et en voiture. Nounou, donne quelque chose à ces musiciens !

ANFISSA *(donnant l'aumône aux musiciens).* A la grâce de Dieu, mes bonnes gens. *(Les musiciens s'inclinent et s'en vont.)* Du monde qui a la vie amère. On musique pas quand on a le ventre plein. *(A Irina.)* Bonjour, Aricha* ! *(Elle l'embrasse.)* Oh, ma petite fille, la vie que j'ai ! Cette vie ! Au lycée, dans un appartement de fonction**, ma toute en or, avec Oliouchka – Dieu m'a fait ce cadeau-là pour mes jours de vieillesse. Jamais de ma vie, pécheresse que je suis, j'avais connu une vie comme ça... L'appartement, il est grand, un de fonction, et moi, j'ai toute une petite chambre à moi, et un petit lit. Tout ça, de fonction. Je me réveille, la nuit et – ô Seigneur, Mère de Dieu, je suis la plus heureuse du monde !

VERCHININE *(coup d'œil à sa montre).* Nous partons tout de suite, Olga Sergueevna. Il faut que j'y aille.

* Diminutif paysan d'Irina.
** Le mot *kazionny* – public, d'Etat – revient constamment au cours de l'acte IV : le bois où a lieu le duel est à l'Etat, le portier est celui de la *kazionnaïa palata* (la chambre des finances publiques), et, de même, la chambre d'Anfissa est une chambre de fonction *(kazionnaïa).* Pour maintenir cette opposition entre le domaine public et le domaine privé, nous avons transposé *kazionny* par le mot "communal". Toutefois, il nous a semblé préférable de faire une exception pour la chambre et le lit "de fonction" attribués à Anfissa.

Pause.

Je vous souhaite tout, tout, et tout… Où est Maria Sergueevna ?

IRINA. Quelque part dans le jardin. Je vais essayer de la trouver.

VERCHININE. Je vous en prie. Je suis pressé.

ANFISSA. Moi aussi, je vais essayer de la trouver. *(Elle crie.)* Machenka ! Ohé ! *(Elle se dirige avec Irina vers le fond du jardin.)*

Ohé ! Ohé !

VERCHININE. Tout a une fin. Voilà que nous nous séparons. *(Il regarde sa montre.)* La ville nous a offert quelque chose comme un banquet d'adieux, on a bu du champagne, le maire a fait un discours, je mangeais, j'écoutais, et toute mon âme était ici, chez vous… *(Il parcourt le jardin du regard.)* Je m'étais fait à vous.

OLGA. Nous reverrons-nous un jour ?

VERCHININE. Je ne crois pas.

Pause.

Ma femme et mes deux petites filles vont rester ici pendant deux mois encore ; je vous en prie, s'il arrive quelque chose, ou si elles ont besoin…

OLGA. Oui, oui, bien sûr. Soyez tranquille.

Pause.

Demain, dans la ville, il n'y aura plus un seul militaire, tout deviendra souvenir, et, bien sûr, pour nous, une nouvelle vie commencera...

Pause.

Rien n'arrive selon nos souhaits. Je ne voulais pas être directrice, et je suis quand même devenue directrice. Donc, je ne vivrai pas à Moscou...

VERCHININE. Bon... Merci pour tout. Pardonnez-moi si j'ai fait quelque chose de travers... J'ai beaucoup, vraiment beaucoup parlé – cela aussi, pardonnez-le, ne vous souvenez pas de moi en mal.

OLGA *(s'essuyant les yeux).* Et Macha qui n'est toujours pas là...

VERCHININE. Que vous dire encore pour adieu ? Sur quoi philosopher un peu ?... *(Il rit.)* La vie est lourde. A nombre d'entre nous, elle semble murée, désespérée, et, cependant, il faut bien l'avouer, elle va s'éclairant et s'allégeant ; de toute évidence, le temps est proche où elle sera vraiment tout à fait claire. *(Il regarde sa montre.)* Il faut que j'y aille, il le faut ! Autrefois, l'humanité était accaparée par les guerres, son existence était entièrement prise par des campagnes militaires, des invasions, des victoires ; à présent, tout cela a vécu, et laisse derrière soi un vide énorme que, pour le moment, nous ne savons comment remplir ; l'humanité cherche passionnément, et elle trouvera, c'est certain. Ah, mais qu'elle fasse vite !

Pause.

Vous voyez, si l'on additionnait l'instruction et l'amour du travail, l'amour du travail et l'instruction… *(Il regarde sa montre.)* Il faut vraiment que j'y aille.

OLGA. La voilà.

Entre Macha.

VERCHININE. Je suis venu faire mes adieux…

Olga se met un peu à l'écart, pour ne pas les gêner.

MACHA *(contemplant le visage de Verchinine).* Adieu…

Long baiser.

OLGA. Allons, allons…

Macha sanglote très fort.

VERCHININE. Ecris-moi… N'oublie pas ! Laisse-moi… c'est l'heure… Olga Sergueevna, prenez-la, il faut déjà… que j'y aille… je suis en retard… *(Bouleversé, il baise les mains d'Olga, puis, une fois encore, serre Macha dans ses bras et s'éloigne d'un pas rapide.)*

OLGA. Allons, Macha ! Arrête, ma chérie…

Entre Koulyguine.

KOULYGUINE *(avec confusion).* Ça ne fait rien, qu'elle pleure un peu, qu'elle pleure… Ma gentille Macha, ma bonne Macha… Tu es ma femme, et je suis heureux, quoi qu'il ait pu se produire... Je ne me plains pas, je ne te fais pas un seul reproche... Tiens, Olia est témoin... Nous recommencerons à vivre comme avant, et, moi, pas un seul mot, pas une allusion...

MACHA *(retenant ses sanglots).* Un rouvre vert au bord de l'onde, Ce rouvre a une chaîne d'or... ce rouvre a une chaîne d'or... Je deviens folle... Un rouvre vert... au bord de l'onde...

OLGA. Calme-toi, Macha... Calme-toi... Donne-lui de l'eau.

MACHA. Je ne pleure plus.

KOULYGUINE. Elle ne pleure plus... elle est gentille...

On entend un coup de feu, étouffé et lointain.

MACHA. Un rouvre vert au bord de l'onde, Ce rouvre a une chaîne d'or... Un grand chat vert*... Un rouvre vert... Je m'embrouille... *(Elle boit de l'eau.)* Une vie manquée... Je n'ai besoin de rien, maintenant... Je me calme tout de suite... Pas d'importance... Qu'est-ce que ça veut dire : "un rouvre vert**" ?

* *Kot zeliony*, pour *doub zeliony* (chêne). Le troisième vers du poème parle du chat savant *(outchionny)* qui y est enchaîné et qui chante ou dit des contes.

** *Loukomorié* ("au bord de l'onde") – mot que tout le monde connaît par cœur, sans se demander ce qu'il signifie, et qui n'est employé que par Pouchkine dans ce prologue de *Rouslan et Ludmila* cité par Macha. Nous avons transposé en déplaçant l'étrangeté sur la première partie du vers et le mot "rouvre".

Pourquoi j'ai ce mot-là dans la tête ? Les idées qui s'embrouillent.

Entre Irina.

OLGA. Calme-toi, Macha... Là, c'est bien... Viens dans la salle.

MACHA *(en colère)*. Je n'y mettrai pas les pieds. *(Elle sanglote, mais s'arrête aussitôt.)* Il y a longtemps que je n'entre plus dans la maison, et je ne suis pas près de le faire...

IRINA. Restons un peu ensemble ; au moins, ne disons rien. C'est que je m'en vais, demain...

Pause.

KOULYGUINE. Hier, en quatrième, j'ai confisqué à un gamin cette moustache et cette barbe... *(Il se les met.)* Je ressemble au professeur d'allemand... *(Il rit.)* Pas vrai ? Ils sont drôles, ces garnements.

MACHA. C'est vrai que tu lui ressembles, à l'Allemand.

OLGA *(elle rit)*. Oui.

Macha pleure.

IRINA. Allons, Macha !...

KOULYGUINE. Une ressemblance frappante...

Entre Natacha.

NATACHA *(à la bonne)*. Quoi ? Sofotchka, c'est Protopopov, Mikhaïl Ivanytch, qui va la garder, et

Bobik, Andreï Sergueïtch, il pourra bien lui faire faire sa promenade. C'est du souci, les enfants… *(A Irina.)* Tu t'en vas demain, Irina – quelle pitié. Reste au moins encore une petite semaine. *(Apercevant Koulyguine, elle pousse un cri ; l'autre rit, puis ôte sa barbe et sa moustache.)* Vous alors, vous m'avez fait une peur ! *(A Irina.)* Je me suis faite à toi, tu crois que ça sera facile pour moi de me séparer de toi ? Dans ta chambre, je ferai mettre Andreï et son violon – qu'il violone tant qu'il veut ! – et dans sa chambre à lui, on mettra Sofotchka. Une enfant divine, merveilleuse ! Une petite fille, mais mignonne ! Aujourd'hui, elle me regarde, avec ses petits yeux, et – "maman" !

KOULYGUINE. Une belle enfant, c'est vrai.

NATACHA. Et donc, demain, me voilà seule ici. *(Elle soupire.)* D'abord, je ferai abattre toute cette allée de sapins, et après, cet érable, là-bas. Le soir, il est si laid, si effrayant… *(A Irina.)* Ma chérie, ça ne te va pas du tout, cette ceinture-là. C'est une faute de goût. Il faut du clair. Et ici, partout, je ferai mettre des petites fleurs, des petites fleurs, ça donnera du parfum… *(D'une voix sévère.)* Que fait cette fourchette sur ce banc ? *(Entrant dans la maison – à la bonne.)* Je demande : Que fait cette fourchette sur ce banc ? *(Elle crie.)* Tais-toi !

KOULYGUINE. C'est reparti !

En coulisses, on joue une marche ; tout le monde écoute.

OLGA. Ils s'en vont.

Entre Tcheboutykine.

MACHA. Les nôtres s'en vont. Bon, eh bien... Bonne route ! *(A son mari.)* Il faut rentrer... Où est mon chapeau, et ma pèlerine ?...

KOULYGUINE. Je les ai mis à l'intérieur. Je les apporte tout de suite. *(Il entre dans la maison.)*

OLGA. Oui, maintenant, chacun peut rentrer chez soi. C'est l'heure.

TCHEBOUTYKINE. Olga Sergueevna !

OLGA. Quoi ?

Pause.

Quoi ?

TCHEBOUTYKINE. Rien... Je ne sais pas comment vous dire... *(Il lui chuchote à l'oreille.)*

OLGA *(effrayée)*. Ce n'est pas possible !

TCHEBOUTYKINE. Oui... une histoire comme ça... Je suis à bout, je n'en peux plus, je ne veux plus dire un mot ... *(Avec dépit.)* Et puis, quelle importance ?

MACHA. Que s'est-il passé ?

OLGA *(prenant Irina dans ses bras)*. C'est une journée atroce, aujourd'hui... Je ne sais pas comment te dire, ma chérie...

IRINA. Quoi ? Dites vite : quoi ? Au nom du ciel ! *(Elle pleure.)*

TCHEBOUTYKINE. Le baron vient de se faire tuer en duel.

IRINA. Je le savais, je le savais…

TCHEBOUTYKINE *(au fond de la scène, s'asseyant sur un banc)*. A bout… *(Il sort un journal de sa poche.)* Qu'elles pleurent un petit peu… *(Il chantonne doucement.)* Tamara… boum bié… m'a flanqué mon billet… Mais quelle importance !

Les trois sœurs restent debout, serrées les unes contre les autres.

MACHA. Oh, comme la musique joue ! Ils nous quittent, l'un est parti pour toujours, vraiment toujours, nous resterons seules pour recommencer notre vie. Il faut vivre… Il faut vivre…

IRINA *(posant sa tête sur la poitrine d'Olga)*. Un temps viendra, tout le monde comprendra à quoi ça sert, tout ça, à quoi servent ces souffrances, il n'y aura plus aucun mystère, mais, pour l'instant, il faut vivre… il faut travailler, seulement travailler ! Demain, je m'en irai toute seule, je commencerai d'enseigner à l'école, et je donnerai toute ma vie à ceux qui, peut-être, en ont besoin. A présent, c'est l'automne, bientôt viendra l'hiver, la neige couvrira tout, et moi, je travaillerai, je travaillerai…

OLGA *(elle étreint ses deux sœurs).* La musique est si gaie, si entraînante, on a envie de vivre ! Oh, mon Dieu ! Le temps passera, nous nous en irons pour toujours, on nous oubliera, on oubliera nos visages, nos voix, et combien nous étions, mais nos souffrances se changeront en joie pour tous ceux qui vivront après nous, le bonheur et la paix descendront sur la terre, et, se souvenant de ceux qui vivent à présent, on aura pour eux une bonne parole, et on les bénira. Oh, mes sœurs, mes chéries, notre vie n'est pas encore terminée. Vivons ! La musique est si gaie, si joyeuse ; encore un peu, on croirait savoir pourquoi l'on vit, pourquoi l'on souffre… Si l'on pouvait savoir ! Si l'on pouvait savoir !

La musique joue de plus en plus faiblement ; Koulyguine, joyeux, souriant, apporte le chapeau et la pèlerine ; Andreï pousse une autre voiture d'enfant dans laquelle est assis Bobik.

TCHEBOUTYKINE *(il chantonne doucement).* Tamara… boum bié… m'a flanqué mon billet… *(Il lit le journal.)* Pas d'importance ! Pas d'importance !

OLGA. Si l'on pouvait savoir ! Si l'on pouvait savoir !

Rideau.

NOTE SUR LA TRADUCTION

Au cours du travail de traduction, nous avons été amenés à faire quelques observations sur le style de la pièce et les traits particuliers qui en ont guidé la transposition. Pensant qu'il ne serait peut-être pas inutile d'en faire part au lecteur, nous avons regroupé ici l'essentiel des remarques.

Pour qui a été élevé dans un milieu de culture russe, ce qui caractérise d'abord *les Trois Sœurs* (par opposition à *la Cerisaie*, où ces clichés sont totalement absents) c'est la référence au langage de l'intelligentsia du début du siècle : les citations latines, les déformations de mots, toutes les références culturelles font partie de cet ensemble qui s'est transmis à travers le siècle, par ceux qui avaient pu survivre aux brutalités de l'histoire, et qui apparaît là, immédiatement identifiable, comme un costume d'époque sur une ancienne photographie.

Liés précisément au thème du cliché – de la photographie, qui fait que Fedotik ne cesse d'immobiliser les autres pour les fixer dans la mémoire objective de son appareil – dès les premières pages surgissent des mots apparemment anodins mais que l'on retrouve d'un personnage à l'autre : les plus fréquents d'entre eux sont *à présent* et le verbe *se souvenir.* Il nous a semblé important de conserver chaque fois le même mot, en cas de récurrence, contrairement à ce qu'ont fait les traducteurs français, soucieux d'éviter les répétitions qui peuvent passer pour une faute de style. Nous avons préféré *à présent* à *maintenant* d'abord parce qu'il y avait là quelque chose de plus explicite, et que Tchekhov dans *les Trois Sœurs* semble vouloir être explicite, ensuite parce que le mot avait une couleur légèrement surannée qui s'accordait mieux avec ce style daté dont il a déjà été question.

De même, peu à peu, au fur et à mesure que la pièce progresse, le réseau des termes récurrents se précise et devient plus complexe. Ce sont toujours des termes discrets, mais dont la présence se fait de plus en plus dense : ainsi, l'expression *peu importe* et ses variantes *(quelle importance, c'est sans importance, rien n'a d'importance...)* qui apparaît à l'acte II sous la forme *peu m'importe* deux fois répétée par Macha et qui, reprise plus de vingt fois, s'impose jusqu'à devenir le mot de la fin.

Ce travail discret, méticuleux, cette manière de poser des jalons sans avoir l'air de rien et de tisser des réseaux ténus à l'aide de paroles qui ne disent pas grand-chose donne, pour finir, assez bien l'idée du travail que doit accomplir le traducteur : être attentif aux indices ; ne pas les effacer ; attendre, parfois jusqu'à la fin, d'avoir compris ce qu'ils signifient, et à quoi, ou à quelle exigence, ils répondent ; surtout, ne pas trancher entre l'humour et le tragique ; garder l'ambivalence et la maladresse, la banalité un peu cassée qu'il serait si tentant de corriger et que nous avons essayé, à grand-peine souvent, de maintenir contre le plaisir et le risque de *faire du Tchekhov*.

F. M.

LECTURE
DE
GEORGES BANU

LES TROIS SŒURS OU LE PARADIS PERDU

Nous ne sommes pas d'ici…

“Nous ne sommes pas d'ici”, “nous ne sommes pas d'ici” – c'est le refrain des trois sœurs ! Refrain de Mélisande qui, elle non plus, “n'est pas d'ici”. Ce rapprochement n'a rien de fortuit et l'intérêt que Tchekhov éprouvait pour le théâtre de Maeterlinck l'autorise. Il parle d'un arrachement et des troubles qu'il procure, car ces “étrangères”, fragiles ou égarées, se vivent toutes en orphelines du lieu d'origine. Il les a marquées de son sceau.

Placées dans une perspective historique, les “étrangères” fin de siècle se distinguent des “étrangères” classiques qui abandonnent leur foyer et se retrouvent ailleurs au nom d'une passion qui les consume. Elles rompent leurs amarres, et Médée suit Jason là où elle n'existe que par lui. Venue d'ailleurs, comme Phèdre, l'étrangère “classique” se heurte violemment contre le nouvel espace dont elle détraque l'ordre et brise la sécurité. La déflagration ne préserve personne et, de l'étrangère aussi bien que de la maison d'accueil, il ne reste plus que les cendres. Paysage avec ruines.

Phèdre ou Médée arrivent des sociétés archaïques pour pénétrer dans des sociétés qualifiées de plus avancées sur le plan de l'organisation sociale et politique. Les héroïnes portent, par rapport à celles-ci, une charge supérieure d'énergie qui finit toujours par embraser le palais grec.

Au XIXe siècle, Maeterlinck et Tchekhov retournent le sens du mouvement qui, cette fois-ci, conduit les héroïnes d'un lieu originaire valorisé vers un autre, perçu comme médiocre. Elles ne l'ont pas choisi et s'y retrouvent en dépit de leur volonté. Déplacées et dépossédées. "Nous ne sommes pas d'ici."

Ce qui chez Maeterlinck reste incertain, Tchekhov l'enracine, le rattache à un territoire concret sans pour autant l'y engloutir. La matérialité n'affecte pas la lisibilité de l'itinéraire dont le tracé se place entre symbolisme et réalisme. Dans *Pelléas*, le point de départ et le point d'arrivée sont géographiquement indécidables, tandis que dans *les Trois Sœurs*, à l'intérieur d'un espace géant – la Russie – le point de départ se détache comme un repère lumineux dans la nuit – c'est Moscou – tandis que le point d'arrivée ne saurait être désigné précisément sur une carte. C'est la ville sans nom. Tchekhov cultive ainsi l'opposition, même onomastique, entre les entités urbaines où se vit l'écartèlement des trois sœurs. D'un côté l'excès d'identification, Moscou, de l'autre, l'intégrale absence.

La ville sans nom est aussi un lieu de transition. Elle se trouve entre la capitale et les marges de l'Empire, puisque l'armée, en la quittant, se dirige vers la Pologne, l'autre indication géographique du texte. Ainsi Tchekhov reconstruit le binôme initial car, sans doute, pour l'officier occupant que sera Verchinine, la ville des trois sœurs deviendra là-bas, en Pologne, sa Moscou à lui. L'atmosphère qu'il a connue ici ne ressemble-t-elle pas évidemment aux descriptions du bonheur moscovite d'Olga, de Macha et d'Irina ?

Un détail mérite d'être signalé. A l'heure où Tchekhov écrit, la capitale est Saint-Pétersbourg et pourtant il opte pour Moscou comme référence exemplaire. Presque deux cents ans après Pierre Ier c'est toujours elle que les Russes reconnaissent comme capitale affective et symbole d'une nation. (Napoléon, en voulant la prendre, montre qu'il l'avait compris aussi.) Par la focalisation des trois sœurs sur Moscou, Tchekhov insiste sur leur appartenance à la Russie, nullement atteinte par l'éducation cosmopolite dont elles ont bénéficié. Celle-ci les rend "étrangères" à la ville, non à la Russie. A l'opposé, quelques années plus tard, pour Lioubov Andreevna, Moscou sera remplacée par Paris. Et parce qu'elle parviendra à y retourner, Paris n'aura pas la même charge mythologique.

A chacun sa vérité

Certes, le motif est pirandellien. Mais Tchekhov, plus discrètement, l'a développé aussi : à chacun sa vérité. Cette hypothèse de lecture peut être envisagée pour approcher la pratique de la contradiction dont Tchekhov est le maître. Là où le lien de la vérité partagée, commune, durable manque, il ne s'agit pas pour autant de nier la vérité, mais seulement de l'admettre en tant que vérité personnelle, ponctuelle, passagère.

La déclinaison du thème du travail le confirme. Si chaque propos affirmatif se voit contredit par une réflexion ou une situation opposées, cela n'annule pas la pertinence individuelle et momentanée de l'assertion. Tchekhov constitue ici l'écheveau des vérités dont les fils polychromes s'enlacent sans jamais parvenir à la moindre unité. Irina fait l'éloge du travail alors qu'Olga l'exècre, mais à son tour, la sœur aînée se plaît à remarquer que si la cadette respecte encore la règle de conduite paternelle du réveil à sept heures, elle ne quitte pas le lit avant neuf heures. Et, plus tard, Irina ne sera-t-elle pas affligée par ce que le travail engendre comme durcissement de l'être ? Désormais elle n'en chante plus les louanges, elle s'y résigne.

L'amour n'est-il pas pris dans le même réseau ? Après les déclarations rassurantes d'Olga sur le couple, interviennent les preuves désastreuses des couples de Verchinine et de Koulyguine, chacun étant frappé à sa manière par le même échec. Cela n'annule pas "la vérité" d'Olga, mais l'empêche de se constituer en thèse. De même que pour le travail, les discours se croisent sans se confirmer réciproquement. La vérité est atomisée aussi bien sur le plan de l'ensemble qu'à l'échelle individuelle, car l'on ne défend pas la même cause d'un bout à l'autre du parcours. Non seulement les arguments se valent, mais ils ont aussi la vie brève.

Tchekhov distingue entre l'engagement pour une vérité, peu importe qu'elle ait le souffle court ou qu'elle soit prête à être infirmée, et l'abandon de tout combat, signe de dérive et preuve de capitulation. Si Macha, la plus désemparée, avoue la première : "Tout m'est égal", ce désengagement gagnera du terrain et résonnera dans la bouche d'autres vaincus irrémédiables, comme Andreï ou Tcheboutykine. Pour le médecin il n'y a de solution que dans la marche éperdue sans repères ni direction. Partir vers nulle part pour échapper à la ville sans nom.

Avoir une vérité, même douteuse ou fragile, assure une sorte de fausse santé intérieure, de sécurité illusoire, de bon état trompeur. Lorsque la vie se charge de la démentir, la lassitude gagne et la fatigue s'installe. L'épuisement dont les personnages se plaignent en est le symptôme caractérisé, dû au déni de leurs vérités personnelles. Ce qui s'évanouit d'abord, c'est ce superflu qui distingue les sœurs à l'intérieur de la ville, cet inutile précieux auquel Irina ne voit plus d'utilité dans la bourgade égarée. A l'origine de leur aura, il alimente la volonté de résistance et le désir du retour. Dès que les premiers signes d'affaiblissement surgissent, l'amnésie se déclenche au point d'en devenir contagieuse. Irina oublie l'italien, Macha sa musique… Après l'échec des vérités, l'évanouissement des savoirs. La ville absorbe les sœurs.

Je vous ai apporté cela

Les cadeaux, Tchekhov ne les traite pas en cadeaux inertes ou muets. Les cadeaux parlent. Leur éloquence est grande, voire impudique. Les cadeaux sont des autoportraits.

Il y a d'abord le cadeau de Tcheboutykine : un samovar hors pair. Mais pourquoi le lui reproche-t-on avec tant de discourtoisie ? Que cache ce refus ? Rien dans le texte n'indique l'existence d'un samovar dont le double inutile serait le cadeau du médecin. Et quand, en paraphrasant Richard III, Verchinine offre "sa vie pour un thé", ne rappelle-t-il pas l'extraordinaire importance de cette boisson pour tout foyer russe ? Qu'impute-t-on à Tcheboutykine ? La démesure du cadeau ou l'irrégularité des paiements du loyer ? N'aime-t-on pas ce cadeau-événement ou accuse-t-on l'irresponsabilité financière du médecin ? L'accueil fait au samovar surenchérit sur les maladresses de Tcheboutykine qui, plus tard, finira par casser l'objet fétiche de la maison : l'horloge léguée par la mère qu'il avoue avoir aimée. Le rapport difficile que le médecin entretient avec les objets dénonce son inaptitude à trouver sa place ici.

Protopopov envoie une tarte et la banalité du cadeau laisse présager celle du personnage. Koulyguine offre ce qui lui est le plus cher : son histoire du lycée écrite par "désœuvrement", mais, réitéré, le cadeau galvaude le geste et rend explicite l'indifférence à l'égard du destinataire. Koulyguine est monologal, comme Verchinine d'ailleurs. Le mari et l'amant se ressemblent par la propension à la parole solitaire qui a séduit Macha jadis et la séduit maintenant une seconde fois.

Fedotik, lui, apporte à Irina un canif et des crayons de couleur, ces cadeaux discrets où l'on peut reconnaître le souhait de sauvegarder sa propre jeunesse. Il cherche aussi bien à enchanter qu'à cultiver son image de jeune homme, toujours le plus jeune. Fedotik fait des cadeaux pour le plaisir de modeler le personnage social de celui qui aime faire plaisir. (C'est le contraire de Saliony qui sculpte l'image du personnage démoniaque, perpétuellement en conflit.) En même temps il y a chez lui un amour manifeste pour les objets, mais, par la logique cruelle de cette œuvre, c'est à Fedotik que l'incendie va tout enlever. De même que la mort va briser le baron, le seul à avoir pris une décision dans l'univers de l'absolue indécision. Tchekhov rappelle ainsi les limites de tout choix ou de tout programme : la vie peut toujours l'anéantir.

Les deux jeunes officiers présentent leurs vœux accompagnés par une immense corbeille de fleurs, autre cadeau excessif, qui produit d'ailleurs les mêmes atermoiements que le samovar. Mais si les fleurs vont se faner, la photo prise à la sortie du deuil et à l'entrée dans la maturité d'Irina sera plus durable. Elle fixe un indispensable instant d'éternité, car les faiblesses mnémoniques touchent non seulement "le superflu", mais aussi les êtres : l'on a déjà commencé à "oublier le visage de la mère". La photo surprend aussi ce qui va s'ériger plus tard en bonheur passé sur le chemin descendant des trois sœurs.

L'acte s'achève sur l'autre cadeau, la toupie. Jouet du XVIIIe siècle, elle évoque alors aux philosophes la destinée de l'homme portée par une force première en dehors de laquelle rien d'autre ne peut intervenir. La réussite dépend de la qualité du lancement initial… Au terme du premier acte, lorsque tous les personnages hallucinés regardent l'enroulement sur soi de la toupie, ils savent qu'ils voient leur propre vie qui passe, du début jusqu'aux soubresauts titubants de la fin.

Me voilà seule ici

C'est le constat de Natalia, désormais maîtresse de la maison. Elle s'inscrit dans ce Grand Mécanisme dont parlait Jan Kott pour désigner le mouvement perpétuel qui régit la prise du pouvoir à la cour d'Angleterre : du bas de l'échelle jusqu'en haut… et ensuite le cycle reprend. Ici, Tchekhov en a aussi l'intuition, mais le Mécanisme est ramené aux dimensions du quotidien : cela ne change rien essentiellement. Les rouages sont les mêmes et pour une fois, chez Tchekhov, le fonctionnement est trop explicite.

De Natalia à laquelle on reproche en public une flagrante faute de goût à Natalia qui prend sa revanche trois actes plus tard en donnant des conseils de conduite vestimentaire à Irina, le cercle se ferme.

Retrouvant un procédé privilégié de Ionesco ou de Beckett, nous sommes surpris par son évidence chez Tchekhov, maître d'une organisation parfaite mais toujours dissimulée. La clarté du processus s'explique peut-être parce que, pour une fois, il déteste un personnage et il ne s'en cache pas.

Nous découvrons une structure dramatique courante au XXe siècle. Cette structure qui suit la mainmise opérée par un personnage subalterne sur l'intégralité de l'univers où il s'est immiscé. Vitrac, Frisch, Mrozek ont développé cette accession au pouvoir sur fond de destruction dans *les Bâtisseurs d'empire*, *Biedermann* ou *Tango*. L'ascension de Natalia épouse le même trajet. Elle pénètre dans la maison, s'en empare et finit par la vider d'abord et ensuite la détruire. Tous les signes de l'abandon sont déjà là : l'enclos se défait, les passants traversent la cour… Comme ses successeurs, Natalia est une gagnante du rien. Ils finissent tous par régner sur des territoires dévastés.

Le bonheur est derrière nous

Il y a une vie heureuse dont les sœurs affirment avoir fait jadis l'expérience. Elles déplorent l'ici et maintenant sur fond de référence constante au passé, motif inlassablement repris. Le présent, sur le plan temporel, sert d'équivalent à la ville, sur le plan spatial. Et ensemble ils finissent par produire ce double effet de projection : vers Moscou et vers l'avenir.

“A chacun sa vérité”, nous l’avons dit. La “cruauté” tchékhovienne, signalée par Chestov dès le début du siècle, consiste à retourner le discours sur Moscou. La description que Verchinine en donne vient contredire, terme par terme, le récit des sœurs. La rivière, indispensable à toute vision paradisiaque, est magnifique pour les sœurs à Moscou et splendide pour Verchinine dans la ville de passage. Tchekhov insiste sur la capacité d’exalter un lieu par l’investissement personnel ou de le dévaluer par désappointement.

Le bonheur est derrière nous – c’est un autre adage des sœurs. A première vue, cela semblait venir de leur pouvoir de s’illusionner. Mais la pièce, d’acte en acte, confirme leur crainte secrète. Au premier acte on regrette encore la vie à Moscou dans l’exubérance d’une fête qui ne pourra plus se reproduire au deuxième acte ; et au troisième acte, s’il y a rassemblement, ce n’est guère pour une occasion festive mais en raison de l’incendie qui a calciné la ville. Au quatrième acte, une fois le baron tué, les officiers partis et la maison démembrée, il ne reste plus aux sœurs qu’à se souvenir du bonheur de la fête d’Irina... Il y a un déclin irréversible que l’œuvre suit du début jusqu’à son terme.

Ce mouvement s’accompagne d’un autre, de détérioration. De Moscou était arrivé un général, tandis que le nouveau venu, Verchinine, n’est que lieutenant-colonel ; Prozorov avait trois filles qui ne sont plus que deux chez son successeur. Comme s’il s’agissait d’un rétrécissement, d’une réduction.

“Comment va le monde ?” demande-t-on au début de *Timon d'Athènes*. “Il s'use au fur et à mesure qu'il tourne.”

Dans *les Trois Sœurs*, si tout débute par le regret d'un passé fortement investi, tout s'achève par la réaction d'autodéfense qui consiste à vouloir échapper aux fantômes du passé pour se projeter désespérément dans l'avenir. Cette conversion du bonheur passé en bonheur à venir n'est qu'une solution de secours et une chance de survie pour ces invalides du présent. Dès que les sœurs abandonnent la séduction du passé au profit du futur, elles admettent irréversiblement l'échec. Elles ne se réclament plus d'une expérience et se rassurent par un discours. Le virus de Verchinine, le treizième convive, les a contaminées.

Nous sommes chassées de là

Tchekhov, on ne le rappelle pas assez, s'intéressait à la grande forme tragique. *Antigone* le captivait et la question du chœur le préoccupait. Retrouver sous le quotidien des modèles qui articulent cet univers assimilé trop souvent à un intimisme pointilliste ou, plus récemment, aux déchirements strindberguiens n'a rien d'une lecture impropre. Elle est entièrement légitime.

L'observation a déjà été faite : *les Trois Sœurs*, le titre, renvoie à la perfection symbolique du chiffre trois, chiffre fondateur, chiffre sacré. La référence aux trois Parques qui filent le destin s'impose ici en premier, indiscutablement. La littérature dramatique a repris le modèle : les trois filles de Lear, les trois sorcières de *Macbeth*, les trois servantes de la Reine de la nuit… Mais Tchekhov, tout en l'utilisant, procède à une corruption du modèle triadique en ajoutant Andreï, le frère, qui incarne soit la projection extrême, soit la déception absolue. Sauveur ou déchet ! Andreï est chaque fois à côté, décentré, jamais inscrit dans la triade sororale. Hypothèse dramaturgique : et si Andreï était le fils de Tcheboutykine qui avoue avoir aimé sa mère, sans donner de négation explicite pour ce qui est des sentiments de celle-ci à son égard ? Dans cet univers de la répétition, ce lien ne trouve-t-il pas son pendant dans la liaison ultérieure de Macha et de Verchinine ? Et les enfants d'Andreï lui-même n'ont-ils pas, eux aussi, une paternité incertaine ? Duquel Protopopov est-il le père ?

Indissociables, les trois sœurs constituent un bloc. Elles joignent au motif "nous ne sommes pas d'ici" un deuxième, "nous sommes chassées de là". Oui, elles se vivent comme exclues du paradis… bannies au nom d'un misérable avancement du père. Les trois sœurs accordent à Moscou le statut du paradis assimilé par l'exégèse biblique à "la patrie perdue" où l'on a connu "l'âge d'or". Le texte l'atteste : les sœurs assimilent la vieille capitale russe à un paradis localisable. En ce sens elles s'affilient à ces courants de la pensée religieuse qui se sont employés à déterminer l'emplacement possible du paradis sur les cartes du monde. Il n'a rien d'irréel, il est atteignable bien que lointain. L'homme peut le reconnaître car il en préserve le souvenir, véritable boussole intérieure.

Tchekhov procède à un renversement particulier qui d'abord semble altérer le scénario de la chute originelle. Si les sœurs admettent avoir vécu au paradis, elles n'assimilent pas, dans un premier temps, le travail à une malédiction. Bien au contraire, elles l'exaltent comme le moyen le plus indiqué pour anesthésier la nostalgie incurable. Mais, progressivement, à l'épreuve du temps, le travail tant réclamé s'avère impitoyable et destructeur, au point qu'à la fin, les sœurs reconstituent le modèle de la situation biblique : chassées du paradis et vouées au travail.

Tchekhov oppose au mythe adamique des trois sœurs la projection utopique de Verchinine : deux hypostases d'un même tourniquet de l'espoir. Comme s'il s'agissait d'une structure fondamentale, cette dichotomie qui organise *les Trois Sœurs* s'exerce sur le plan des mentalités collectives. Jean Delumeau observe dans *l'Histoire du paradis* que l'émergence du premier discours de l'utopie lancé par Thomas More et le surgissement du mythe de l'âge d'or sont contemporains. Cette simultanéité se retrouve chez Tchekhov dans les deux manières de résister à l'indifférence du "tout m'est égal" qui finira par être quand même le dernier mot de la pièce.

Aujourd'hui que tant de paradis se sont évanouis, le lecteur peut assimiler la persistance d'un paradis localisable à une chance importante. Jusqu'au troisième acte les sœurs en bénéficient. Mais le départ des officiers et la mort du baron finissent par ébranler l'espoir de la réintégration du paradis moscovite. Après avoir résisté grâce à la perspective d'une reconquête de leur éden urbain, elles se résignent à l'abandonner au quatrième acte. Plus de retour… A l'espace précisément désigné succède un lieu incertain, aux attributs proches du "royaume des cieux". La vie a brûlé leur passé et démoli leur paradis. Il n'est plus seulement perdu, il est anéanti. Il a disparu de la carte et livre les sœurs à l'égarement définitif. Désormais elles doivent vivre sans Moscou.

Tenez il neige…

Tchekhov, après *la Cerisaie*, envisageait d'écrire une pièce sur le Pôle Nord, la banquise et les glaces éternelles. Et Peter Stein conseille de ne pas oublier ce projet.

Si la circularité de la journée classique ne fait jamais défaut aux pièces tchékhoviennes, ni l'arc des âges, pour ce qui est des saisons, l'hiver manque toujours. Et pourtant ici, comme dans *la Cerisaie*, au mois de mai, à la mort du père "il neigeait… il faisait froid". Plus tard, un autre signe hivernal intervient :

MACHA. Mais, quand même, le sens ?

TOUZENBACH. Le sens… Tenez, il neige : où est le sens ?

Où est le sens ? Dans la neige qui tombe comme un destin léger et inévitable. Il n'y a pas d'hiver chez Tchekhov. Il est mental. Saison de la fin où tout s'éteint sous l'épaisse couche blanche qui étouffe les cris et assourdit les pas. Prélude au silence de la glaciation ultime à laquelle Tchekhov voulait se consacrer lorsque les maisons ont été abandonnées et les cerisaies abattues.

Ecrit pour accompagner la nouvelle traduction d'André Markowicz et de Françoise Morvan, ce texte pointe certains thèmes sans vouloir ni pouvoir envisager dans ce cadre une lecture globalisante de l'œuvre. L'essai et non pas l'étude. Un de plus sur ces *Trois Sœurs* dont la bibliographie est vaste.

Toutes les citations viennent de la nouvelle traduction publiée ici.

TABLE

BABEL

Extrait du catalogue

515. NANCY HUSTON
Prodige

516. GÖRAN TUNSTRÖM
Le Buveur de lune

517. LYONEL TROUILLOT
Rue des Pas-Perdus

518. REINALDO ARENAS
Voyage à La Havane

519. JOE BRAINARD
I Remember

520. GERT HOFMANN
Notre philosophe

521. HARRY MULISCH
Deux femmes

522. NAGUIB MAHFOUZ
Le Mendiant

523. ANNE BRAGANCE
Changement de cavalière

524. ARTHUR SCHOPENHAUER
Essai sur les femmes

525. INTERNATIONALE DE L'IMAGINAIRE N° 15
Les Spectacles des autres

526. FÉDOR DOSTOÏEVSKI
Les Frères Karamazov (vol. I)

527. FÉDOR DOSTOÏEVSKI
Les Frères Karamazov (vol. II)

528. ANNE GUGLIELMETTI
Le Domaine

529. STEFANO BENNI
Bar 2000

530. ALAIN GRESH ET TARIQ RAMADAN
L'Islam en questions

531. YÔKO OGAWA
Hôtel Iris

532. WILLIAM KOTZWINKLE
Le Nageur dans la mer secrète

533. YASMINE CHAMI-KETTANI
Cérémonie

534. SÉBASTIEN LAPAQUE
Georges Bernanos encore une fois

535. HANAN EL-CHEIKH
Le Cimetière des rêves

536. ALAN DUFF
L'Ame des guerriers

537. JEAN-YVES LOUDE
Cap-Vert, notes atlantiques

538. YOURI RYTKHÈOU
L'Etrangère aux yeux bleus

539. GEORGE SAND
Antonia

540. GEORGE SAND
La Marquise, Lavinia, Metella, Mattea

541. RUSSELL BANKS
L'Ange sur le toit

542. BARBARA GOWDY
Un lieu sûr

543. NAGUIB MAHFOUZ
L'Amour au pied des pyramides

544. ALEXIS WRIGHT
Les Plaines de l'espoir

545. NAOMI KLEIN
No logo

546. REZVANI
L'Origine du monde

547. CLAUDE PUJADE-RENAUD
Platon était malade

548. NANCY HUSTON
Dolce agonia

549. GÉRARD DE CORTANZE
Cyclone

550. ANNE BRAGANCE
Le Lit

551. RAYMOND JEAN
Un portrait de Sade

552. ZOÉ VALDÉS
Cher premier amour

553. PER OLOV ENQUIST
Le Médecin personnel du roi

554. SONALLAH IBRAHIM
Les Années de Zeth

555. MAHMOUD DARWICH
La Palestine comme métaphore

OUVRAGE RÉALISÉ
PAR L'ATELIER GRAPHIQUE ACTES SUD
REPRODUIT ET ACHEVÉ D'IMPRIMER
EN SEPTEMBRE 2020
PAR NORMANDIE ROTO IMPRESSION S.A.S.
61250 LONRAI
POUR LE COMPTE DES ÉDITIONS
ACTES SUD
LE MÉJAN
PLACE NINA-BERBEROVA
13200 ARLES

N° d'éditeur : 4713
Dépôt légal
1re édition : mai 1993
2e édition : septembre 2002
N° d'impression : 2003541